David Gómez • Laura Carreno

We no speak Americano

La Guía para Estudiar, Trabajar o Vivir en USA

Copyright © 2017 by David Gómez Jiménez and Laura Carreño Gutiez
All rights reserved.
Front cover: copyright by its respective authors.

ISBN: 154535667X
ISBN-13: 978-1545356678

All rights reserved. No part of this publication may be reproduced, distributed, or transmitted in any form or by any means, including photocopying, recording, or other electronic or mechanical methods, without the prior written permission of the publisher, except in the case of brief quotations embodied in critical reviews and certain other noncommercial uses permitted by copyright law. For permission requests, write to the publisher at:
info@lifexpandusa.com

First Edition.

A nuestras familias, que han tenido la paciencia de vernos muy poco durante muchos años

A nuestro hijo Kiko, que nunca tendrá que leer este libro, porque él ya es Americano.

A Pilar, Jimmy, Carina, Sergio, Raúl, Adela, Pere, Kim, Greg, Laura…. nuestra familia de Los Ángeles.

Introducción

Hemos vivido en Estados Unidos seis años, concretamente en Los Ángeles, California. Ha sido una experiencia increíble que nos ha unido, y nos ha hecho reír, llorar, frustrarnos, enojarnos, compartir grandiosos momentos, conocer personas maravillosas y lugares espectaculares, y hacer fantásticos amigos.

Hemos pasado casi por todas las etapas de un inmigrante, desde ser visitante, atender a la universidad, buscar y encontrar trabajo allí (varias veces), ser padres, trabajar como expatriados, y también retornar de nuevo a nuestro país de origen.

Gracias a nuestros trabajos hemos recibido tantas preguntas y hemos asesorado a tanta gente sobre como venir a Estados Unidos, que nos hemos animado a compartir todo lo que sabemos en este libro. Con la mejor voluntad de ayudar a todo aquel que está pasando o pasará por las fatigas que supone emigrar a este país. No nos hemos guardado nada, esto es todo lo que sabemos.

Y será suficiente, pero no pensamos en este libro como una enciclopedia, sino más bien como una guía entre las toneladas de información que se pueden encontrar en Internet. Hemos extraído todo aquello que es útil para un inmigrante en todas las fases de su viaje, pero probablemente nos habremos dejado algo.

Esta obra es el resumen de nuestra experiencia y de la cantidad enorme de investigación que hemos realizado para nosotros mismos o para las personas que hemos ayudado. Por tanto, es algo personal, y es casi seguro que coincidirás en algunas cosas y en otras no, y, por favor, disculpa los posibles errores.

El primer error que apreciarás es el uso de *americano* para referirnos a *estadounidense*, cuando realmente americanos son todos desde Canadá hasta Argentina. Disculpa por ello si te ofende, es un error común por su invasión cultural.

Los Estados Unidos son un país engrandecido por los medios y su industria del cine. Aún conserva buena parte de su imagen como la tierra de las oportunidades, donde se vive bien, abierto a los inmigrantes, y donde los sueños se hacen realidad. Pronto te darás cuenta de que, como todos los sitios, tiene sus luces y sombras, y en este libro intentaremos ser objetivos en ese aspecto. Emigrar a Estados Unidos es, en general, difícil. Es realmente un camino empedrado de trabajo, constancia, oportunidad y suerte. Y tampoco es barato si lo haces de forma legal.

Muchas cosas de este libro cambiarán seguro en el futuro, sobre todo lo relacionado con la legislación, pero hemos intentado que se entienda la esencia y los valores de la cultura americana, que perdurarán muchos más años. Sobre todo, desde las recientes elecciones, donde ha aflorado el populismo y el nacionalismo, y que han puesto a la inmigración en el punto de mira. Como en muchas otras ocasiones de la Historia, es más fácil culpar a los de fuera de los propios problemas.

Por ello, aquí va la primera lección americana. En todo pon un...

Disclaimer: *Todo lo escrito en este libro está basado en vivencias personales entre 2010 y 2016. Por ello, es una visión sesgada que seguramente no coincida con la experiencia de otras personas, ni refleje la realidad con absoluta exactitud. No supone un consejo legal en ningún caso, ni asumimos ninguna responsabilidad de las acciones que se puedan tomar a partir de su lectura.*

Prólogo:
Un país de 50 países

Los pueblos son el resultado de su Historia, y es muy interesante comprobar cómo, en este caso, el carácter individualista, independiente, capitalista y emprendedor de EEUU, también deriva de su devenir histórico.

Los Estados Unidos nacieron cuando las 13 colonias británicas iniciales se independizaron, tras dos guerras, de Gran Bretaña. La base de la sociedad es, por tanto, anglosajona, de la que han heredado el idioma, el capitalismo, el derecho estricto y hasta el puritanismo. En cierto momento, estos primeros Estados decidieron, por cuestiones estratégicas y poder defenderse mejor, mantenerse unidos bajo un paraguas federal. El gobierno central conservaba las competencias de defensa y representación exterior, pero los Estados eran, y siguen siendo, prácticamente autónomos en las cuestiones que les afectan internamente. No obstante, hasta ahora, los diferentes cuasi-países, se han mantenido muy parecidos entre ellos, copiando legislación y valores. Aunque haya sutiles y no tan sutiles diferencias entre ellos (como la religión predominante), se ha conseguido implantar un sentimiento patriótico y de unión muy fuerte. Además, la movilidad de personas entre ellos es muy grande, por lo que la red social está muy entretejida. Y todo ello a pesar de que sufrieron una cruenta guerra civil entre los Estados del Norte y del Sur, motivada principalmente por la abolición de la esclavitud y las implicaciones económicas que eso tenía.

A principios del siglo XIX comenzó el proceso de colonización del oeste, que bien podría haberse llamado de ocupación o de conquista, ya que por entonces existían habitantes nativos y ciudades fundadas por franceses, españoles o mexicanos. Sin embargo, la organización más eficiente y liberal de la nueva sociedad americana, resultó en que, tras casi 100 años de muchas revueltas históricas, acabaran imperando. Los pioneros se encontraron un territorio inmenso y casi virgen, lleno de recursos, que han ido esquilmando desde entonces. Todo ello, sumado a la seguridad jurídica y la eficiencia del mercado capitalista, ha resultado en una economía muy potente, donde se glorifican las historias de parias que se convierten en millonarios. En el siglo XX, se consolidó su imperio económico y cultural, gracias a su política exterior intervencionista y al retroceso europeo por las graves Guerras Mundiales.

Finalmente, el país se ha constituido en 50 Estados unificados bajo un gobierno central y federal, que reside en el distrito de Washington, DC. En la práctica, casi todas las competencias que afectan al país de forma interna (impuestos, energía, educación, organización jurídica, etc...) son responsabilidad de los Estados, mientras que la defensa, moneda, grandes infraestructuras, representación exterior e investigación, entre otros, las conserva el Gobierno Federal. Por ello, como ejemplo, hay Estados donde no se pagan impuestos personales, otros que mantienen la pena de muerte y otros que fomentan las energías renovables. Cada Estado nombra a su Gobernador, elegido democráticamente cada cuatro años.

Sólo con tiempo acabas percibiendo las pequeñas diferencias entre Estados. Como siempre, se abusa de los tópicos, aunque tengan parte de razón. La costa Este es la más poblada y la más europea socialmente. El Sur tiene ese carácter cálido del caribe y fama de cierto atraso y pobreza. El Medio Oeste es mayormente agrícola, plano y aburrido. La región que abarcan las *Rocky Mountains* está en general despoblada y con abundantes desiertos. El *Pacific Northwest* es una región de clima húmedo y bastante rica en recursos. Texas y California podrían ser países en sí mismos, por sus connotaciones económicas y culturales (son los dos primeros Estados por GDP). Texas tradicionalmente se ha centrado en la ganadería y el petróleo. California es la región más rica y de pensamiento menos conservador y más distendido, líder mundial en industrias como la digital, el entretenimiento o la salud.

El poder federal dentro de los Estados se mantiene por una pequeña cláusula en la Constitución que se llama *Commerce Clause*, inicialmente concebida para regular el comercio interestatal, pero que ha sido interpretada de forma más amplia para regular cualquier aspecto de un Estado que puede afectar a los vecinos, como los derechos civiles o la contaminación. Ello, sin embargo, no impide que los Estados frecuentemente demandan judicialmente al propio Gobierno Federal, por intromisión en sus competencias. Estos casos se resuelven en el *Supreme Court*, el organismo judicial más importante del país, con enormes poderes, y cuyos puestos son vitalicios.

El Presidente es una de las figuras más visibles del país a nivel internacional, ensalzado quizás exageradamente por los medios como el hombre más poderoso del mundo. No obstante, sus poderes se limitan a ser el responsable del poder ejecutivo, es decir, hacer cumplir la ley que el Congreso y el Senado promulgan, poder nombrar y destituir a casi cualquier cargo de la Administración federal y ser el Comandante Jefe de las Fuerzas Armadas. Por esto último ostenta la representación exterior del país. Se elige por votación cada cuatro años, y siempre ha rotado entre los dos partidos principales del país: los demócratas y los republicanos. Estos eligen a sus candidatos por un proceso abierto de primarias, donde los afiliados de los partidos votan según sus preferencias en mediáticas campañas.

En el aspecto cultural no hay duda de la influencia mundial de Estados Unidos. Inmensas multinacionales han colonizado culturalmente los gustos y costumbres de gran parte del planeta. Gigantes como Coca-cola, McDonald's, Disney o Microsoft han cambiado la forma en que comemos, bebemos, jugamos o trabajamos. Liderado por la colosal industria del entretenimiento de Hollywood, las películas y series de televisión americanas son las más vistas del mundo. El desenfadado positivismo, simplicidad y modernidad que transmiten han conseguido modificar culturas basadas en el respeto estricto de antiguas tradiciones. La cultura americana ha sabido encauzar la esperanza de las personas hacia un cándido optimismo con lemas como el *American Dream* o el *Yes We Can*. Tratando a los ciudadanos como clientes, les han dado lo que querían oír: las historias siempre acaban con final feliz.

La primacía económica mundial tampoco es discutible. Se basa sin duda es sus inmensas empresas, resultado de aplicar el capitalismo más puro en un entorno de salvaje competencia darwinista, donde nada está garantizado. Cuentan con un mercado interno de más de 300 millones de consumidores con gustos muy parecidos, y una vez que consiguen acertar en el producto, las economías de escala son brutales. Después ya se encargan de modelar la legislación para maximizar el retorno del accionista, con los poderosos y legales *lobbys*. El único dogma americano, si existe, es que el cliente es Dios.

En la formación de este imperio, la inmigración ha tenido siempre el papel protagonista. Siempre se dice que los Estados Unidos son un país de inmigrantes, aunque estos pronto se esfuerzan por olvidar su origen y perder el estigma, envueltos en su gran nacionalismo liberal.

Los primeros inmigrantes lo hicieron huyendo de Europa para poder practicar sus creencias religiosas (*Pilgrims* y Puritanos) o escapando de la guerra o del hambre (como los irlandeses). No obstante, la mayor parte de los inmigrantes lo hacían, al igual que ahora, buscando mejores oportunidades económicas. Se estima que más de la mitad emigraban (voluntariamente u obligados) como *indentured servants*, una especie de contrato de semi-esclavitud donde el empleador pagaba el pasaje, y los costes del inmigrante, a cambio de que este trabajar para él de forma exclusiva durante varios años, lo que recuerda sospechosamente al modelo de visados que existe actualmente, y que se analizará con profundidad. Un gran número, especialmente africanos, fueron raptados y traídos a la fuerza como esclavos, no pudiendo recuperar nunca su libertad, a diferencia de los *indentured servants*. Fue una de las épocas más oscuras de América, superada en la Guerra Civil en 1865, pero con muchas connotaciones raciales y sociales que llegan hasta la actualidad.

A mediados del siglo XIX comenzó la *Gold Rush* (Fiebre del Oro) en California, que atrajo a numerosos inmigrantes, en especial asiáticos, pero también de numerosas partes del mundo, donde el fenómeno se hizo muy conocido. Muchos no fueron bien recibidos, e incluso se prohibió la inmigración desde China en 1882, por las protestas de los pobladores existentes, ya que se les acusaba de competencia desleal por aceptar menores salarios. Los mismos argumentos que se emplean en nuestros días.

A finales de siglo XIX, el gobierno federal se hizo responsable de la inmigración, instaurando la famosa *Ellis Island*, cercana a la Estatua de la Libertad, y que era el centro de recepción de los inmigrantes llegados al país. Se instauró un sistema de cuotas por país similar a la actual y en 1965 se amplió la ley para permitir que los estadounidenses pudieran hacer ciudadanos a familiares cercanos extranjeros. A lo largo del siglo XX, la inmigración ha fluctuado según los ciclos económicos mundiales y los conflictos regionales, como las guerras. Actualmente, la mayor parte de los inmigrantes provienen de Asia y Latinoamérica. Las políticas y decisiones que lo gobiernan no difieren mucho de las de hace varios siglos, siendo predominante el factor económico.

Todo este devenir histórico ha resultado en un *melting pot* de muchas culturas y razas distintas, que conviven unidas bajo unos fuertes valores patrióticos que les unen. No obstante, y aunque se esfuerzan sinceramente por integrarse, todavía quedan muchos complejos y prejuicios a superar. La historia reciente de los Presidentes así lo demuestra, con un afroamericano como Obama y un blanco de orígenes alemanes como Trump. Ambos representan quizás, los dos extremos de la sociedad americana, todavía muy presentes, la Unión contra los Confederados, el Norte contra el Sur, lo moderno contra lo clásico.

Pase lo que pase en los próximos años, los Estados Unidos son más grandes que las personas que los gobiernan, el sistema tiene inercia y está diseñado para que no dependa de una sola persona. Pase lo que pase, *America will continue being Great!*

Non-immigrant Resident Aliens

CAPITULO 1

Permiso para estar: VISAS

Que este sea el primer tema que se trata en este libro no es casualidad. De hecho, podía ser el único. Si ya eres estadounidense o tienes "*Green Card*", entonces puedes saltártelo. Pero si no, más te vale conocer bien el tema de las VISAS porque de ello va a depender lo que hagas en Estados Unidos.

Y es que, para poder estar, estudiar o trabajar en el país americano hace falta permiso, lo que se llama visado o VISA, a menos que seas ciudadano. Dependiendo de lo que quieras hacer debes tener un visado que te lo permita. En general, obtener permiso para visitar o estudiar en el país es relativamente sencillo, pero para trabajar es realmente complicado.

Como al final todo el mundo que quiere vivir en USA por largo plazo (más de un año) tiene que poder trabajar para tener fuente de ingresos, conseguir el visado adecuado se convierte en el principal (y único) objetivo de todo expatriado. Tanto es así, que suele ser el primer tema de conversación cuando conoces a otro compatriota o te juntas para añorar la comida y las fiestas de tu pueblo.

Obtener el visado de trabajo se puede comparar con escalar el Everest: es un reto mayúsculo, que lleva bastante tiempo, que requiere mucho esfuerzo, por un camino lleno de trampas, aunque hay ciertos atajos y golpes de suerte. Muchos se quedan por el camino y tras varios años peleando, gastándose una fortuna, al final se tienen que volver a su país, con el consuelo de "al menos lo he intentado".

Pero no te preocupes, que este libro se ha escrito para que tengas claro cuáles son las opciones que hay, lo que debes evitar y lo que tienes que hacer para diseñar tu estrategia ganadora que te permita quedarte y triunfar en USA. O si no, por lo menos, que sepas a lo que te enfrentas antes siquiera de pensar en ir.

El gran *"elephant in the room"* cuando se habla de estos temas es la inmigración ilegal. Claro, estamos hartos de escuchar en la prensa que en Estados Unidos hay más de 10 millones de inmigrantes ilegales, con el grave problema social que supone y que no son capaces de afrontar.

Cuestiones aparte del sinsentido que tiene llamar a una persona "ilegal" por habitar un cierto territorio, lo cierto es que convertirse en inmigrante ilegal NO SE RECOMIENDA EN NINGÚN CASO. No se recomienda porque hoy en día las desventajas superan, casi siempre, a los beneficios. Y mucho menos a ciudadanos de Europa o países medianamente desarrollados. Por muy mal que se esté en tu país, casi seguro que vas a estar mejor que de ilegal en Estados Unidos.

Porque aparte de no ser lo correcto, te enfrentas a:

- No poder volver a entrar de EEUU. Como no te quieres arriesgar a no poder volver o que detecten que eres ilegal en la frontera, eso implica no ver a tu familia por mucho tiempo.
- No poder aceptar trabajos bien remunerados. El trabajo ilegal no cotiza, no puede reflejarse en ningún sitio. Las inspecciones son importantes y es casi imposible que te contraten, porque te van a pedir el visado o que pases el *e-verify*, del que hablaremos más adelante.
- Vivir al margen, sin derechos, con miedo constante a la deportación, sin posibilidad de crecer.

Pese a ello, miles de personas cruzan la frontera de forma ilegal. La inmigración sigue los patrones económicos. El mayor crecimiento se produjo desde los años 90 hasta el inicio de la Gran Recesión de 2008, cuando se estabilizó e incluso se redujo. Actualmente hay unos 44 millones de personas en EEUU que han nacido fuera. Casi 19 millones ya son ciudadanos (se han *naturalized*), 12 millones tienen *Green Card* y unos 2 millones están con algún tipo de visa temporal, que veremos en este capítulo. El resto son ilegales.

Cuando hablas con padres o abuelos de amigos que vinieron como inmigrantes ilegales en los 60, 70, etc., y te cuentan su historia, te das cuenta que la inmigración ilegal sigue siendo la misma cosa, pero de lugares diferentes. Para ellos era una cuestión de supervivencia y de escapar de la miseria que azotaba sus países, hacia el *American Dream* que, en general, los recibía de buena gana, como mano de obra barata y necesaria en períodos de crecimiento económico y bajo desempleo. Entonces no había tantas restricciones a viajar ni tantos controles a la hora de contratar. Además, se iban concediendo ciertas amnistías para hacerles legales. Ello ha desembocado, por dejadez y costumbre, en la situación actual, con millones de personas bien establecidas en el país, que han levantado hogares, que han pagado sus impuestos, que han criado y dado educación a sus hijos, pero que, administrativamente, no están "legales". Seguramente hoy en día, aquellos países de los que escapaban han mejorado tanto económicamente que ya no compense la inmigración ilegal, aunque hay que reconocer el drama de la pobreza que, por desgracia, siguen sufriendo muchas personas en ellos.

Sin duda es una situación compleja que genera controversia en ambos partidos. Por un lado, los republicanos prefieren un rígido control de fronteras, pero no olvidan que los intereses empresariales que defienden son los mayores beneficiarios de la mano de obra barata. Por otro, los demócratas, idealistas de los derechos humanos, pero que deben mucho apoyo a los fuertes sindicatos del país, los más perjudicados por la competencia de trabajadores dispuestos a aceptar menores sueldos.

En cualquier caso, tu objetivo es triunfar y para ello hay opciones legítimas de hacerlo, por difíciles que sean. Y si finalmente no consigues quedarte, seguro que el destino te tiene preparado algo mejor de vuelta en tu precioso país.

Tipos de visado

Los diferentes tipos de VISAS se denominan con letras y los subtipos añadiendo números, por ejemplo, H-1, A-2, EB-5, etc. Y hay al menos más de 10 tipos distintos, cada uno con sus derechos y obligaciones. La Visa será un papel que pegarán en tu pasaporte, con unas fechas de validez independientes a la validez del propio pasaporte. Puede ocurrir que tengas la Visa en un pasaporte caducado, tendrás que consérvalo en todo caso.

Como idea general, cuanto más tiempo y más derechos da un visado, más difícil es de conseguir. Por ello, la primera pregunta que hay que hacerse es ¿cuánto tiempo quiero estar y qué quiero hacer en Estados Unidos?

A continuación, se van a indicar los tipos más habituales de VISA ordenados de menos a más tiempo de permanencia (y menos a más actividad en el país):

- **ESTA/Visa Waiver Program**: Para estancias de menos de 3 meses, se permite entrar sin visado y sólo hay que completar una aplicación online llamada ESTA. Se usa principalmente para turismo, viajes de negocio o pequeños cursos. Válido sólo para ciertos países (unos 40), incluyendo la mayoría de Europa y Chile. Para el resto de visas suele ser necesario realizar una entrevista en el consulado americano y rellenar algún formulario (DS-160).

- **Visa B**: Máximo 12 meses (en dos períodos de 6). Se usa para turismo en aquellos países que no tienen acceso al Visa Waiver Program. También se usa para asistir a pequeños cursos o hacer negocios cuando la empresa es extranjera y el trabajador viene un cierto tiempo, para, por ejemplo, prospectar el mercado, asistir a un congreso o supervisar la ingeniería en la instalación o construcción de un equipamiento.

- **Visa F**: Es la conocida como visa de estudiante. Es necesaria cuando se va a estudiar en el país durante largo tiempo (más de 6 meses, sino mejor visado B). La visa se concede y se renueva mientras que duren los estudios. Las universidades o centros educativos son los que te enviarán la documentación que lo justifica (Form I-20). Además, permite trabajar una vez se ha avanzado en los estudios bajo el OPT (*Optional Practical Training*), por lo que es muy interesante para emigrar al país. Como es tan importante, se verá con más detalle en el capítulo [Estudiar en Estados Unidos].

- **Visa M**: Igual que la visa F, pero para estudios vocacionales, o *associate degrees*, que son aquellos distintos a los "académicos". Se pueden comparar, por ejemplo, a formación profesional. A efectos prácticos es igual que la visa F.

- **Visa J**: Destinada a aquellos que realizan un programa de intercambio profesional o académico, como, por ejemplo, profesores universitarios, investigadores o médicos. También se emplea para becarios, *au pairs* y ciertos programas de trabajo de verano para estudiantes. Es una visa muy interesante porque permite trabajar en el país durante uno o varios años. Exige que, una vez terminada, se regrese al país de origen y se permanezca allí durante dos años, aunque este requisito se puede evitar. Necesita que haya una empresa u organismo americano que sea "sponsor" solicitando al profesional. Las cámaras de comercio suelen gestionar de forma económica todos los requisitos de estas visas.

- **Visa H**: Junto con la visa O y la visa L, se denominan de trabajo temporal. Es decir, están destinadas a personas que van a trabajar en Estados Unidos, en principio, durante un tiempo determinado, no considerándose permanente o indefinido. Si ese fuera el caso, habría que solicitar residencia permanente (*Green Card*), lo que suele ser frecuente y factible, pero difícil. La visa H es la idónea cuando una empresa americana te quiere contratar. El problema es que se conceden sólo 85.000 cada año (20.000 de ellas reservadas a personas con Máster o superior) y la petición acarrea importantes costes ya que suele ser necesario contar con la ayuda de un abogado de inmigración. Además, por si fuera poco, en muchos años ocurre que se presentan más solicitudes que esos límites, ya en el primer día de plazo, con lo cual, se acaban sorteando para repartirlas. Ello implica que, muchas personas, teniendo incluso una empresa que los quiere contratar (o *sponsorizar*) y habiendo pagado las *fees* y los honorarios del abogado, se quedan sin VISA, en el limbo, en una situación un poco comprometida, puesto que no estarían autorizados a trabajar (ni residir). Una pega importante de esta Visa (pero que sigue ocurriendo con las de estudiante) solía ser que no daba derecho al conyugue a trabajar (con Visa H4), algo a tener muy en cuenta por conciliación familiar y por los altos costes de vida. En 2015 se cambió la legislación para permitirlo.

- **Visa O**: Similar a la anterior, pero para individuos con una "habilidad o logro extraordinario" en artes, ciencias, negocios o deporte. La ventaja sobre la H es que no tiene cupo, pero hay que ser capaz de demostrar esa habilidad extraordinaria. Se suele conocer como la "visa de artista", puesto que suele ser más fácil justificar esas habilidades únicas para personas que se dedican a cualquier disciplina artística (cine, televisión, música, etc.), donde lo extraordinario es más subjetivo. También requieren de un *sponsor* o empresa americana que demande al profesional.

- **Visa L**: Es la empleada para transferencia de trabajadores entre empresas del mismo grupo o filiales. Normalmente el trabajador tiene que tener un puesto alto (un ejecutivo o un técnico imprescindible) y haber trabajado al menos en la empresa del país de origen un año de los últimos tres.

- **Visa E**: Es la conocida como de "inversionista" (E-2) aunque también aplica a comerciantes (E-1). Es la empleada para empresas extranjeras o inversores que quieren poner en marcha una filial o un nuevo negocio en el país. Para que se conceda, la inversión tiene que ser "sustancial", es decir, que sea suficiente y relevante para el tipo de negocio que se quiere establecer. Normalmente, se considera inversiones de 100.000USD como una cantidad de referencia, aunque el mínimo se estima en 50.000USD. La clave es el *business plan* que acompaña a la aplicación, la idoneidad del negocio y las ventajas que tendrá para EEUU (en términos de beneficio económico por impuestos y puestos de trabajo creados, no quieren negocios "marginales"). La inversión tiene que ser real y que se hayan empleado y arriesgado fondos (con facturas, alquileres, etc.), por, al menos, un 20% del total. Disponer de todo dinero en una cuenta bancaria, no es válido. Todo ello se evaluará de forma holística en la embajada, junto con la entrevista, para decidir si se concede o no la Visa.

- *Green Card*: Es la residencia permanente, lo que permite vivir y trabajar para cualquier empleador, por tiempo indefinido. Se puede obtener por tres grandes razones:
  - **Familia:** para esposas/maridos, hijos (incluidas adopciones), padres y hermanos.
  - **Trabajo:** un empleador necesita un trabajador muy especializado o el individuo es muy extraordinario. Es un proceso complicado. Se suelen denominar visas EB-1, EB-2 o EB-3, según el nivel de excelencia.
  - **Lotería:** el famoso *Diversity Program*. Se sortean al año 50.000 visas de forma aleatoria.
- **Ciudadanía:** El último paso en la cadena migratoria. Bien por nacimiento o por adopción, un inmigrante legal (con *Green Card*) puede conseguir la ciudadanía. Bajo ciertas circunstancias se puede perder el derecho a *Green Card*, pero la ciudadanía es para siempre (a menos que renuncies a ella), además de permitir votar.

Aparte de estas, existen algunos tipos más para situaciones muy concretas, por ejemplo, la Visa A para diplomáticos, la Visa P para atletas, la Visa I para periodistas y corresponsales, la Q para intercambios culturales o la TN/TD para trabajadores temporales de la zona NAFTA (Canadá y México).

Por qué es difícil emigrar a Estados Unidos

Como se ha visto, existen diferentes Visas que permiten ir a Estados Unidos dependiendo de la actividad que se vaya a hacer. Estar períodos cortos por turismo o negocios es sencillo, permanecer más tiempo para estudiar tampoco es un problema, pero, trabajar, suele ser bastante más complicado. Hay un dicho para la residencia permanente, que esta se consigue sólo por alguna de las tres "L" (*Labor*, *Love* o *Lottery*).

Las empresas americanas sólo pueden contratar a personas que estén autorizadas a trabajar, si no, estarían contratando ilegales y arriesgándose a importantes multas. Incluso es ilegal contratar a un trabajador y que la empresa no verifique que tiene autorización para trabajar (con el Form I-9 o el programa *e-verify*). También es ilegal que subcontrate trabajos a otras empresas que tienen trabajadores ilegales. Y como las leyes en Estados Unidos se respetan y se hacen cumplir, los empleadores tienen gran aversión y miedo a contratar cualquier persona que no tenga permiso, más cuanto mayor es la empresa y más profesional es el puesto. Además, en muchas profesiones, son necesarias o recomendadas licencias o certificaciones americanas para poder ejercer, como médicos, abogados o ingenieros.

Para que una empresa americana contrate a un extranjero, o bien este tiene ya permiso (con OPT, *Green Card*, etc.) o le tiene que *sponsorizar* para una Visa H (la más usual), O, J, o *Green Card*. Pero ese proceso tiene costes, es largo (puede llevar meses) y es arriesgado (la Visa puede no concederse, porque cae en la lotería de la H, por ejemplo). Empresas extranjeras tienen alguna opción más con la Visa E o la L.

> **"En muchas aplicaciones de trabajo te preguntarán si tienes permiso o necesitas *sponsor*.**

Por ello, salvo puestos muy exclusivos o que exista falta de ese tipo de profesionales, las empresas americanas, en general, evitan a toda costa *sponsorizar*.

En muchas aplicaciones online para trabajos, ya te preguntarán directamente si tienes permiso para trabajar o si necesitas sponsor. Si es así, lo más probable es que ni te llamen. Personas que vienen con visados de turismo para probar unos meses no tienen realmente casi ninguna opción de ser contratados.

La realidad, es que, actualmente más del 60% de las Visas H se conceden para informáticos indios, ya que EEUU tiene una gran demanda de esos profesionales, e India una gran oferta, a precios muy asequibles. En este sentido, hay ciertos rumores de abuso y hasta fraude en el programa de Visa H. Parece que muchas empresas están usando este visado para reducir sus costes laborales en IT, contratando indios a precios mucho más baratos. Todo ello orquestado por unos cuantos intermediarios, *aka IT service providers*, que sólo se dedican a traer y colocar indios de forma masiva, aplicando incluso varias veces por trabajador, para aumentar sus probabilidades en la lotería. Es algo que, sin duda, será objeto de debate y reforma por el Gobierno Federal en los próximos años.

No obstante, aunque la realidad es dura, hemos escrito este libro para darte las claves y orientarte hacia el camino que más opciones te dará para conseguir tu objetivo de vivir y trabajar en EEUU. En el árbol de decisión del final del capítulo se resume de forma sencilla las claves de cada Visa. Hay más requisitos en cada Visa que los que aparecen, pero esos son los determinantes.

La importancia del attorney o abogado

Rellenar el ESTA o pedir la Visa B es simple y lo puedes hacer por tu cuenta. La Visa de estudiante F, J o M también es asequible, pero tendrás que coordinarte bien con la universidad o centro. Sin embargo, para el resto, Visas H, L, O, E o la propia

Green Card, es casi absolutamente necesario (pero no obligatorio) que cuentes con los servicios de un abogado de inmigración.

El fondo de la cuestión es que Estados Unidos es un mercado muy proteccionista en el mercado laboral, y quiere a toda costa que las empresas contraten a trabajadores americanos. Las razones que se pueden imaginar son varias. Como se verá en este libro, en Estados Unidos trabajar es una necesidad vital, de supervivencia, ya que los costes de vida son altos, el seguro médico va ligado al trabajo y, además, muchos profesionales salen al mercado laboral con fuertes deudas bancarias por su educación superior. Es decir, que el desempleo es un drama que te puede dejar, literalmente, viviendo en la calle. Por ello, y porque además son sus votantes, los políticos se esfuerzan en conseguir el pleno empleo. Tasas de desempleo superiores a un 10% se consideran escandalosas y peligrosas, mientras que, en Europa, por su mayor red de protección social y familiar, son habituales. Por ello, permitir alegremente trabajadores extranjeros, dispuestos a aceptar menores salarios y sin deudas educativas, suponen una competencia fuerte y dañan el discutible sistema social americano.

Por tanto, la clave de todas las Visas es justificar adecuadamente que el trabajador extranjero (licenciado o empresario o ejecutivo o artista…), es absolutamente necesario para la empresa americana, que va a suponer un beneficio económico para el país y que, además, no existe un trabajador americano capaz de hacerlo mejor. Ello se llama formalmente

Labor Certification, y en ese proceso, son expertos los abogados, porque conocen mejor las leyes, pero, sobre todo, porque tienen la experiencia de haber tramitado muchas visas y, por prueba y error, saber qué y cómo se tiene que hacer la solicitud para que tenga éxito.

Los abogados (*attorneys*, *lawyers*) no son baratos. Dependiendo del tipo de visa, sus servicios pueden rondar entre los 2.000 y 5.000 dólares (o incluso más). A eso hay que sumar las diversas tasas o *fees*, por lo que todo el proceso puede rondar entre 7.000 y 10.000USD. Además, existe el riesgo de que no se conceda, que lo tienes que asumir tú o la empresa que te *sponsoriza*, ya que los costes y tasas no se devuelven.

Hay otra pega a largo plazo, y es que las visas se conceden para trabajar sólo en la empresa que te *sponsoriza*, por lo que puede ser una herramienta de presión (y hasta extorsión) en subidas salariales, nivel de exigencia, etc. La empresa tendrá la llave de tu vida en EEUU. Si te despide o entra en bancarrota, tienes 30 días para abandonar el país. Muchas personas, críticos con el sistema, lo comparan con una forma de esclavitud moderna. Aunque es verdad que, con la Visa H, es posible, aunque no fácil, cambiar de empresa.

Non-immigrant resident aliens

Todas las visas que se han comentado (B, F, M, J, O, H, L o E) se denominan *non-immigrant visas*, ya que están pensadas para personas que, en principio, van a estar un tiempo en el país (aunque sea años) y no tienen la intención de emigrar de forma permanente. El nombre no es muy afortunado, ya que muchos se consideran, en realidad, emigrantes. La única *immigrant visa* es la *Green Card*.

A efectos americanos, en este universo se puede ser:

- **US Citizen**: Persona con nacionalidad estadounidense, que tiene derecho a residir de forma permanente en USA y tener pasaporte americano.
- **Alien**: Todos los demás que no sean US Citizen.
- **Immigrant**: Cualquier Alien que está en EEUU, excepto los que han entrado con una visa de *non-immigrant*. Estos pueden ser:
    - **Permanent Resident**: *immigrant* admitido como permanente legalmente (con *Green Card*).
    - **Illegal immigrant**: los que no han sido admitidos legalmente.
- **Non-immigrant**: Cualquier Alien que es residente de otro país pero que puede estar en EEUU de forma temporal (aunque puedan ser varios años) para estudiar, trabajar o

hacer turismo. En general son los que entran con VISA excepto con *Green Card*.

- **Resident**: cualquier persona que cumple con los requisitos para ser considerado residente a "efectos fiscales". Básicamente estar presente en el país durante gran parte del año. Se verá más adelante en [File your Taxes].
- **Non-resident**: persona que, aunque haya residido en el país durante gran parte del año, no está considerada residente a "efectos fiscales".

Estas clasificaciones generan confusiones obvias en muchas ocasiones, puesto que mezclan lo que usualmente se conoce como inmigrante o residente.

Si estás leyendo este libro, lo más probable es que seas o vayas a ser muy pronto un *Non-immigrant resident alien*, es decir, una persona con una visa temporal, y que va a pasar una buena parte del año en el país. Aunque, al principio, puede que seas *non-resident*, en el futuro, te querrás convertir en *immigrant alien* y años después en *Citizen*.

El camino más frecuente

Por todo lo que se ha explicado en este capítulo, si no tienes *Green Card* o forma de obtenerla fácilmente por familia, o visado, está claro que para emigrar a Estados Unidos **NO es la forma**:

- **Buscar trabajo directamente desde tu país**: no tienes permiso para trabajar, no conoces bien el idioma y no tienes referencias americanas, NO te van a llamar nunca (salvo que seas un auténtico genio).

- **Venir de turista unos meses y ver qué pasa**: no tienes permiso para trabajar, tampoco referencias y el idioma lo vas dominando, difícilmente te van a hacer una oferta (salvo, como se ha dicho, que tengas algo muy relevante que aportar). Es posible que hagas entrevistas, pero cuando llegue la incómoda pregunta sobre el permiso de trabajo, verás cómo su rostro cambia. No obstante, sí que quizás encuentres algún sitio donde hacer alguna *internship* o beca no pagada, que te puede interesar por la experiencia, aunque en teoría, tampoco está permitido.

- **Venir a estudiar un curso de inglés seis meses y ver qué pasa**. Si te dieran la visa de estudiante F, el permiso de empleo con OPT se concede siempre y cuando hayas estudiado por más de 9 meses. Además, como se verá en el capítulo [Estudiar en Estados Unidos], te permite trabajar sólo en cosas relacionadas con los estudios. Por lo que tampoco es una solución.

Después de haber conocido y aconsejado a mucha gente en la misma situación, el camino más realista para emigrar a USA es: empezar por estudiar (un curso de más de un año). Ello te dará el tiempo suficiente (al menos dos años), para manejar el idioma, conocer el país, conseguir referencias y, sobre todo, tener un año o más con permiso de trabajo legal (el OPT); lo mínimo para encontrar una empresa y convencerla de que te *sponsorice* un visado por más tiempo (H, O, J o *Green Card*). Y mientras tanto, puede que encuentres al amor de tu vida y al casarte consigas la *Green Card*, o, al revés, que te des cuenta que EEUU no te gusta y decidas volver. Eso sin dejar de jugar todos los años a la lotería (*Diversity Program*) por si la suerte te regala la ansiada tarjeta verde.

> **"El camino más realista para emigrar a USA es: Empezar por Estudiar.**

Otra opción es que busques empresas de tu país con filiales o intereses en USA, y que tu perfil encaje para que te puedan transferir con una L o una E. No obstante, por nuestra experiencia, las empresas extranjeras suelen preferir contratar americanos (porque conocen mejor el país, por sus contactos y por imagen) o expatrian trabajadores "de la casa", es decir, perfiles con muchos años de experiencia en la empresa y de mucha confianza para puestos clave. Sin embargo, abre alguna posibilidad. Y si eres muy emprendedor y dispones de fondos, puedes intentar la Visa E y montar una empresa por tu cuenta.

Algunos países tienen también programas de intercambio para ciertas profesiones, que pueden ser muy interesantes. Por ejemplo, España tiene el programa de Profesores Visitantes, donde los docentes pueden estar entre tres y cinco años trabajando en un colegio americano. Aunque son oportunidades puntuales, busca y pregunta en tu país por si existiera la posibilidad.

Esto no quiere decir que no haya casos en que se sponsoriza la *Green Card* o una Visa H directamente, sólo que las probabilidades son casi nulas para la mayoría de las personas. Sólo si eres verdaderamente bueno o único en algo, o que tengas muy buenos contactos en el país, tendrás posibilidades reales.

Venir a estudiar tiene unos costes altos, y el riesgo de que, pese a todo, no consigas quedarte a largo plazo por no conseguir después un visado mejor. En todo caso te da una opción viable de estar en el país y explorar las posibilidades. Tienes que pensarlo como una inversión en ti, que puede salir bien o mal. No obstante, como se verá, hay opciones para estudiar de forma más económica, como los *Certificate*, cuyo coste de *tuition* puede ser 10 veces menor que los Máster o Doctorados, y que dan los mismos derechos de trabajo u OPT. Venir a estudiar tampoco es inmediato, tienes que empezar a planificarlo por lo menos con un año de antelación. Se verá con más detalle en los próximos capítulos.

Y te puedes preguntar, vale, pero ¿cuáles son las probabilidades reales de quedarse una vez he estudiado? Pues por nuestra experiencia, te diría que un 50%. Hemos conocido casos de los dos tipos, personas que han conseguido H, que se han casado, o que se han tenido que volver sin visado y con la deuda por sus estudios. Es difícil cuantificar y valorar todas las cosas que pueden pasarte en los años que estés aquí, pero seguro que, en cualquier caso, tu vida y tu visión del mundo no volverá a ser como antes.

Existe un atajo muy poco ético e ilegal que, sin embargo, ocurre a menudo. Es cuando la gente se casa con algún amigo o de forma concertada para obtener los papeles. Los servicios de inmigración intentan corroborar la realidad del matrimonio, mediante fotografías, cuentas bancarias comunes, preguntas personales, etc., pero sigue siendo un coladero, ya que es difícil demostrar la falsedad. No obstante, hay que permanecer casado por cierto tiempo (varios años) hasta que la *Green Card* se concede de forma permanente. La situación también ocurre con matrimonios homosexuales, autorizados recientemente. Es, desde luego, un camino tramposo, y tremendamente injusto para todos aquellos que pasan por el viacrucis de los visados de trabajo, pero negar que está ocurriendo, sería ingenuo.

Conclusiones

- En Estados Unidos no puedes entrar sin Visa (o ESTA).
- Sólo algunas Visas permiten trabajar y con restricciones.
- La única visa considerada como permanente legal es la *Green Card*.
- El resto de visas se denominan *non-immigrant* y se consideran temporales.
- Conseguir Visas de trabajo es un proceso difícil y largo.
- Empezar por estudiar es la opción más realista para acabar emigrando.

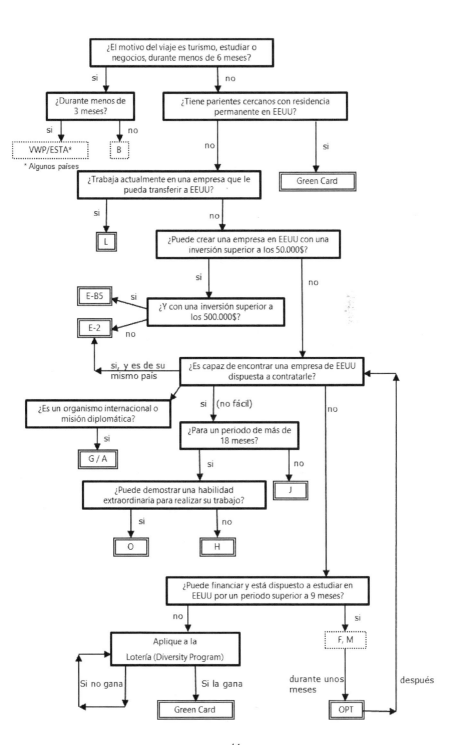

CAPITULO 2

Pasar la frontera

Pasar la frontera es un subidón de adrenalina. Para muchos es el momento en el que sus ilusiones de venir a Estados Unidos se convierten en realidad, y para los que ya lo hayan hecho antes, será un momento de estrés.

Es un momento tenso porque, realmente, quien te concede el permiso para entrar en el país es el policía que te atenderá en los *booth* de la frontera, sellándote (ahora ya electrónicamente) el formulario I-94 (antiguamente se grapaba en el pasaporte). Esto es un detalle muy importante en muchos casos. La Visa pegada en tu pasaporte, por si misma, no te concede el derecho a entrar, sólo el I-94 lo hace, y eso se te otorga cada vez que pasas la frontera por el policía de inmigración de turno. Para ciertas gestiones en el país necesitarás copia del I-94, hoy en día se puede obtener de una página web del *Homeland Security*, el organismo responsable de las fronteras.

Por ello, puede ocurrir que el "buen" hombre o mujer, estime que no todo está correcto, o que tu nombre coincide con un delincuente o terrorista (caso verídico), y enviarte al llamado "*Second Inspection*", un lugar desagradable en el que no vas a querer acabar nunca.

Porque el *Second Inspection* es una sala de espera donde prácticamente estas casi detenido, y podrás coincidir con delincuentes reales o gente que ha estado en la cárcel. El objetivo de la segunda inspección es que otro policía con más rango y más capacidad, investigue si realmente tienes todo en regla para entrar al país. Ello puede tardar horas y, aunque tengas otro vuelo de conexión, no te dejarán salir hasta que lo estimen. Por cierto, que ni ellos, ni la compañía aérea, se van a hacer responsables si lo pierdes.

Es un sitio incómodo porque normalmente no te permiten llamar por teléfono o usar el móvil, aunque sea para avisar a tu familia, tu jefe o tu abogado. Y el peor resultado es que finalmente no te autoricen la entrada y te deporten de vuelta a tu país de origen en el primer vuelo disponible (a lo mejor te toca dormir en su calabozo). Los que han viajado mucho, a veces ven que llevan a personas esposadas a la puerta de embarque, en muchos casos son deportados.

Que te deporten es una buena faena, y a veces ocurre por cosas tan tontas como errores administrativos, o formalidades de las Visas. Un error típico es salir y volver a entrar del país mientras te están tramitando una Visa o la *Green Card* (*Adjustment of Status*). Esto se puede evitar si se avisa antes, con el *Advance Parole*.

La entrevista con el policía de inmigración tampoco es muy agradable. En general no son nada simpáticos y, en muchas ocasiones, van a provocarte con preguntas personales y comentarios desagradables. Al fin y al cabo, están determinando la veracidad de los papeles que les presentas, si te pones nervioso o si estás mintiendo. A veces las diferencias culturales les llaman la atención, como que el apellido de las esposas no coincida con el del marido (en EEUU se suele cambiar en el matrimonio).

> **"Da gusto ver las charcuterías que montan en aduanas cuando viene un avión de España después de Navidades.**

Otras razones para acabar en el temido *Second Inspection*, puede ser que la persona haya entrado o salido muchas veces del país con Visa de turista (ESTA o B) o vaya con ropa y maleta de trabajo cuando declara que va de turismo. También si tu universidad no arregla bien los papeles de inmigración (I-20). Incluso hay leyendas urbanas de gente que puso en su muro de Facebook que iba a USA a trabajar, y ya los estaban esperando en la frontera.

No obstante, la tensión parece que se ha ido relajando en los últimos años, y cada vez que pasamos la frontera, nos da la impresión de que son más agradables. No hay que olvidar que todavía les duele que los responsables de los atentados del 11S entraron con visado de estudiante. Recientemente están ya integrando torniquetes con sistema informáticos, donde las gestiones se hacen por uno mismo.

Una vez que franqueas la frontera, has de coger en la cinta tu maleta facturada y pasar aduanas. Para ello tienes que presentar un papel azul (el *CBP Custom Declaration Form 6059B*) que te habrán dado los azafatos/as del avión, y que también te sella el policía de fronteras. Últimamente también se empieza a prescindir de este papel y pasar de forma automática. En algunas ocasiones te pedirán revisar la maleta para ver si tienes artículos peligrosos o no permitidos.

Los artículos no permitidos más frecuentes, y que más cabrea que te requisen, son los alimentarios. Productos frescos, embutidos o quesos muy líquidos no están, en general, permitidos. Da gusto ver las charcuterías que montan en aduanas cuando viene un avión de España después de Navidades. Cuando las maletas se pierden o no llegan, también suele ser habitual que las revisen. De forma muy educada, te dejarán un papel dentro como resumen.

Para comerciantes y personas que venga de negocios, por ejemplo, a una feria o exposición, y traigan productos de muestra, hay una forma sencilla de evitar pagar aranceles o impuestos por ellos o que sean requisados. Se trata de expedir el carnet ATA. Es un documento admitido en numerosos países que permite el transporte de productos. Si finalmente estos se venden o consumen y no se demuestra que vuelven a salir, entonces es cuando hay que pagar los aranceles correspondientes.

Una vez que pasas la aduana, **Bienvenido a USA**, ya has entrado al país de forma legal. Si sigues tu viaje, dejarás a continuación tu maleta facturada en una cinta, y a por el siguiente vuelo. Cuando llegues a tu destino, ya no tendrás que volver a pasar este viacrucis.

Conclusiones

- ✓ Quien te concede la admisión en Estados Unidos es realmente el oficial de inmigración en la frontera.
- ✓ El documento que lo otorga es el I-94.
- ✓ Si no está todo correcto, puede que sufras una *Second Inspection* o incluso la deportación.
- ✓ Para pasar la aduana tendrás que rellenar un papel azul o un formulario electrónico.
- ✓ Hay ciertos productos que no está permitido pasar por la aduana, destacan alimentos que provienen de animales.

CAPITULO 3

El Social Security Number

Antes de continuar, vamos a hacer un inciso para comentar un tema que te puede ahorrar muchos dolores de cabeza con la Administración. Es el problema de los nombres y apellidos. En Estados Unidos tendrás que volver a bautizarte.

Es muy recomendable que, desde el primer papel que rellenes, mantengas exactamente el mismo nombre y apellidos en todos los documentos legales, y que lo intentes simplificar a dos palabras, *First Name* (nombre) y *Last Name* (apellido). El motivo es que en EEUU son muy raros los nombres compuestos, al igual que el segundo apellido. Por el contrario, usan *Middle Name*, que va entre el nombre y el apellido. Si te empeñas en usar todos tus nombres y apellidos, lo más probable es que los

> **"En Estados Unidos tendrás que volver a bautizarte.**

americanos los empleen mal, y puede que te hagan algún lío administrativo porque no coincidan los nombres en su sitio. Además, ten en cuenta los caracteres que no se usan en inglés, como la ñ, la cedilla, acentos, etc.

Por ejemplo, si te llamaras Juan Álvaro Muñoz de la Serna, eso lo pueden interpretar de las siguientes formas:

- Juan A. Munoz (Álvaro *Middle Name* y sin ñ)
- Juan A. (Munoz de la) Serna (juntan "de la" con Munoz)
- Juan A. Munoz Serna (se olvidan "de la")
- Juan Alvaro M. de la Serna (Munoz *Middle Name* y sin tilde)
- Juan Alvaro M. Delaserna (lo ponen todo junto)
- Juan A. M. Serna (Álvaro y Munoz de *Middle Name*)

Y probablemente algunas combinaciones más, lo que puede causarte, por ejemplo, que, al no coincidir tus papeles en los diferentes sistemas informáticos, no puedas sacar dinero de un banco, no puedas coger un avión (verídico) o no puedas examinarte del carnet de conducir (verídico). En definitiva, si tienes un nombre largo, lo mejor es que desde el primer formulario en Estados Unidos te pongas el más sencillo posible: Juan Munoz, y siempre uses el mismo. Si tienes mucho apego a tus dos apellidos, se puede admitir Juan Munoz-Serna, con guion, aunque tampoco es recomendable.

Una vez hecha esta advertencia, vamos a comentar sobre el *Social Security Number* (SSN). El SSN se usa como número de identificación para todos los efectos (personal, fiscal, etc.), puesto que los carnets de identidad o de conducir (*Id* o *Driver Licenses*) son estatales y cambian en cada Estado. Por ello se emplea *de facto* el SSN (un número federal), como identificación para muchas cosas. Si bien, la propia tarjeta del SSN no es válida como carnet de identidad, puesto que no tiene foto, ni tampoco parámetros biométricos o sistemas avanzados anti-copia.

Tener *Social Security Number* no implica necesariamente que tengas derecho a la Seguridad Social, el nombre no es muy acertado. Proviene históricamente, del primer programa federal (el de la Seguridad Social en 1935 durante la época del *New Deal*) que tuvo la necesidad de asignar un número identificativo a cada ciudadano de Estados Unidos, hasta entonces (y todavía) un galimatías de estados federados. Sobre el programa de prestaciones del *Social Security*, se verá más adelante en los capítulos relacionados con el trabajo.

> **"El *Social Security Number* se emplea *de facto* como número de identificación.**

Implantar una tarjeta de identificación federal era, y sigue siendo, muy controvertido políticamente, ya que roza los límites del poder federal frente al estatal y hasta dónde puede llegar la influencia del Gobierno. Es el eterno debate filosófico entre conservadores y liberales. Por ello, con el tiempo, el SSN se empezó a usar como un número de identificación para muchas otras cosas, ya que, al menos, era el más universal.

El SSN es un número muy importante ya que te identifica como persona en el país, y que te pedirán en numerosos trámites, como, por ejemplo, al firmar un contrato de teléfono móvil o solicitar el alquiler de un apartamento. La razón es que te identifica a efectos de *credit history* (historial de crédito), que se verá en el capítulo dedicado a ello. Además, te hará falta tener SSN para poder aceptar un trabajo o, en algunos Estados, sacarte el carnet de conducir.

Los números de la Seguridad Social son únicos, no se repiten y no se reutilizan. Existe un archivo público con los números de las personas fallecidas, con un nombre un poco *creepy*, el *Death Master File*.

Como la tarjeta del SSN puede usarse como justificación para demostrar que se está autorizado a trabajar (ver [La tarjeta de empleo (*EAD card*)]), la Administración no concede, en general, SSN a personas con visados de turista o de corta estancia (ESTA o B), y es reticente para *non-immigrant visas*. No obstante, ya que el SSN es tan necesario para la vida cotidiana en el país, se conceden números y tarjetas de la Seguridad Social de tres tipos:

- La normal, para ciudadanos o residentes permanentes (*Green Card*s), a cualquier edad.

- La normal, pero con una frase impresa "VALID FOR WORK ONLY WITH DHS AUTHORIZATION", para personas con visados que permiten trabajar temporalmente (H, O, J, E, L, etc.) o estudiantes con OPT. En este caso, normalmente requieren una *offer letter* del potencial empleador, además de otra documentación como pasaporte, I-94, etc.

- La normal, pero con la frase impresa "NOT VALID FOR EMPLOYMENT", para personas admitidas legalmente, pero si derecho a trabajar, como los estudiantes con Visa F o M, antes del OPT. No obstante, son bastante reticentes en este caso, has de tener una buena razón para necesitar el SSN.

El SSN, al estar ligado a toda tu información personal y fiscal, es blanco de todo tipo de ataques de *Identity theft*. Es algo muy peculiar de EEUU, aunque poco frecuente, el que ciertos maleantes usen tu SSN en su nombre, por ejemplo, para hacer compras a crédito, y, al no devolver las deudas, hacerte a ti responsable. Ello puede crearte un montón de problemas. Es más común (bastante, de hecho) la copia de tarjetas de crédito, aunque los bancos tienen medios ya para evitarlo o al menos, compensarte.

El SSN es un número sin elementos de protección, secuencial, que casi puede deducirse a partir de pocos datos vitales. Por ello, siempre se recomienda guardar el SSN en un lugar seguro y no revelarlo salvo que sea necesario.

El SSN también se emplea como número de identificación fiscal. Puede ocurrir, como se verá en [File your Taxes], que tengas que hacer la declaración de la renta, aunque no tengas ingresos o seas estudiante. Si ese es el caso, y no dispones o no te otorgan el SSN, puedes pedir en su lugar el ITIN, (*Individual Taxpayer Identification Number*), que siempre se concede, incluso a personas físicas o jurídicas extranjeras. El ITIN lo emite el IRS (*Internal Revenue Service*).

Conclusiones

- ✓ Simplifica tus nombres y apellidos a un único nombre (*First Name*) y un único apellido (*Last Name*), y usa los mismos en todos los documentos.
- ✓ El *Social Security Number* (SSN) se emplea como número de identificación para muchos aspectos, recoge tu información financiera y está ligado a tu *credit history*.
- ✓ Guarda el SSN es sitio seguro para evitar *Identity Theft*.
- ✓ El SSN se concede, en principio, sólo a personas con permiso para trabajar y ciudadanos.
- ✓ A efectos fiscales existe el ITIN, que se concede siempre.

CAPITULO 4

La tarjeta de empleo (EAD card)

Como se ha comentado, los empleadores americanos sólo pueden contratar a personas que estén autorizadas a trabajar en el país, y además tienen la obligación de comprobarlo.

Para ello, han de rellenar y conservar un formulario denominado I-9, en un plazo de tres días una vez que el empleado ha aceptado el puesto (que se concreta en la *Offer Letter*).

El propio formulario ya indica los documentos vigentes (o combinación de ellos) que son válidos para demostrar que se está autorizado a trabajar. En general, hay que justificar dos cosas, la identidad y el derecho a trabajar legal. Ello se puede hacer, por ejemplo, con un pasaporte americano, una *Green Card* o una *Employment Authorization Card* (EAD Card). Pero también se puede justificar con un pasaporte válido + una Visa de trabajo + el I-94, o con un Driver License + Social Security Card (a menos que ponga "not valid for work"). También es válido, por ejemplo, una tarjeta de identificación de la universidad con foto + el certificado de nacimiento americano.

Para simplificar y facilitar la labor a los empleadores, en especial con los variados casos de los emigrantes temporales y estudiantes, etc., el USCIS (*United States Citizenship and Immigration Services*) creó una tarjeta específica para justificar que se puede trabajar. Es la llamada *Employment Authorization Card* (EAD Card), y te la conceden, por ejemplo, cuando realizas el OPT dentro de tu período de estudios, o cuando estás esperando que se resuelva la petición de *Green Card*.

> **"Se puede justificar tu derecho a trabajar con varios documentos.**

No obstante, es importante verlo con perspectiva. Los documentos no son los que te dan derecho a trabajar, si no al revés, si tienes derecho a trabajar, podrás justificarlo de diferentes formas, ya que tendrás derecho a tener esos documentos. Muchas personas (tanto trabajadores como los departamentos de RRHH), se obsesionan en tener físicamente la EAD Card porque creen que eso es el "permiso de trabajo". No es así, puedes estar autorizado a trabajar y no tener EAD Card, por ejemplo, porque haya algún error administrativo. Lo importante es tenerlo claro y hacer valer tus derechos, sobre todo cuando el personal de RRHH se obceca y se asusta ante situaciones fuera de lo habitual, que ocurren muchas veces a los emigrantes. Por ejemplo, porque se retrasa la tarjeta, hay un cambio de estatus o no conocen el OPT.

Los empleadores cuentan, además, con un sistema informático para verificar si los documentos que le ha proporcionado el empleado son auténticos, y concuerdan con los registros que tienen las diferentes agencias del gobierno (*Social Security Administration, Department of Homeland Security* y *Department of State*). Se denomina *E-verify*, y está cada vez más extendido. El empleador sube al sistema los datos y números de identificación proporcionados en el I-9, y a los pocos minutos, le confirma si, efectivamente, está autorizado a trabajar.

Aproximadamente el 1% de los casos (unos 300,000 al año) resultan en que no casan los datos proporcionados con los registros (*Tentative Nonconfirmation*). Ello puede ocurrir porque no son iguales los nombres y apellidos (por lo que se comentó en el capítulo de [El *Social Security Number*]) o porque quizás los datos de cambio de estatus migratorio no están actualizados. Es algo que afecta en especial a los emigrantes en sus primeros trabajos, donde habitualmente, hay cambios y ajustes en las Visas que tardan más en actualizarse en los sistemas, que la propia persona en conseguir un trabajo. Si eso ocurre, el empleador probablemente se va a poner muy nervioso, pero tú tienes 8 días para corregir tus datos con el empleador o con las diversas agencias.

Y, por último, cuidado porque la pronunciación de la EAD Card se parece mucho a la de ID Card. Ambos suenan como *"iaidi car"*, aunque no tiene nada que ver. Una ID Card es cualquier tarjeta genérica de identificación. Es posible, además, como se verá más adelante, obtener fácilmente una tarjeta de identificación Estatal, similar a un *driver license*, pero sin el permiso explícito a conducir. Esas ID o *Identification Cards*, no conceden, por si solas, el permiso a trabajar.

Conclusiones

✓ El empleador comprobará si tienes derecho a trabajar empleando el formulario I-9 y el programa *E-verify*.

✓ Justificar tu derecho a trabajar, si lo tienes, se puede hacer con diversos documentos, según explica el I-9.

✓ Entre ellos, se emplea mucho la EAD Card, diseñada específicamente para justificar el permiso a trabajar, aunque, no tenerla, no prohíbe explícitamente poder trabajar.

✓ No confundir la EAD Card con ID Card, ya que se pronuncian parecido.

The sky's the limit

CAPITULO 5

Estudiar en Estados Unidos

Como se ha explicado, la forma más factible de emigrar a Estados Unidos es empezar por estudiar. Por ello, vamos a comentar en este capítulo cómo hacerlo y los detalles a tener en cuenta para aprovecharlo al máximo.

Esta sección está más orientada a estudios universitarios, pero muchos aspectos como las visas también son válidas para cursar el *High School* o estudios inferiores. En ese caso es importante chequear cómo funcionan las convalidaciones con tu país de origen y tener en cuenta el sistema de calificaciones (GPA) y la equivalencia de cursos. Cursar uno o un par de años en EEUU puede ser una experiencia inolvidable para cualquier adolescente, si se lo pueden permitir sus padres, aunque hay que valorar si a largo plazo la inversión es efectiva. Sólo se permite trabajar después con estudios superiores (universitarios o vocacionales).

Conseguir la admisión en un centro o universidad americana tampoco es inmediato ni sencillo, necesitarás, como mínimo, un año de planificación (mejor 18 meses) antes de empezar el curso. El principal motivo es que las universidades reciben normalmente más aplicaciones de estudiantes que plazas disponibles. Por ello, tienen que filtrar y admitir sólo a los mejores estudiantes, que además tengan capacidad para pagarles. Cuanto mejor o más famosa es la universidad, menor es el ratio entre admitidos y solicitantes (*acceptance rate*). Por ejemplo, Stanford presume de sólo aceptar alrededor del 5% de los estudiantes que lo solicitan. Quizás sea el extremo, pero el número no suena descabellado, en especial, entre las universidades de la famosa y codiciada Ivy League (Harvard, Princeton, Yale, Cornell, Columbia…). Las solicitudes han ido aumentando en la última década, por la gran demanda de países asiáticos (China a la cabeza), con mayor renta para enviar a los hijos a estudiar en el extranjero. Por ello, es normal que tengas que aplicar a varias universidades, para garantizarte la admisión en alguna.

Para filtrar y valorar a los estudiantes, utilizarán diversas fuentes, como exámenes estandarizados que tendrás que preparar (GRE, GMAT, TOEFL…), cartas de intención (*statement of purpose*), referencias, certificados de notas del instituto o universidad, justificaciones de la capacidad de pago, etc. En definitiva, un montón de papeles que te llevará tiempo y dinero conseguir. Solamente todo el proceso para ser admitido por una universidad para un Máster, puede rondar los 1,000USD en costes.

Por ello, antes de nada, tienes que estar convencido de que es realmente el camino que quieres seguir en tu vida. Las ventajas son claras, estudiar en una universidad top, aprender otro idioma, conocer otras culturas y tener la posibilidad de trabajar después en una de las economías más dinámicas del mundo. Sin embargo, considera que va a suponer una inversión económica importante (como mínimo más de 20,000USD) y que sólo te va a compensar si haces el compromiso de estar en USA más de dos años.

Una vez tomada la decisión, el siguiente paso es seleccionar el campo de estudio, el tipo de programa (*Bachelor, Master, PhD* o *Certificate*) y la universidad o centro.

Para el campo de estudio, el factor de decisión debería ser tus preferencias personales e intelectuales, pero, además, deberías investigar sobre esa profesión en Estados Unidos. Es posible que requiera certificaciones adicionales para ejercerla (ver [Las certificaciones profesionales]), que tenga escasas salidas profesionales, o un sueldo medio bajo, etc. Para ello, un buen recurso es consultar la web gratuita www.onetonline.org, que lista casi todas las profesiones con sus sueldos por Estado, descripción de tareas, requisitos de nivel de estudios y muchos detalles más.

Existen, en general, cinco tipos de programa que puedes realizar:

- **Associate degree (AA, AS):** Representan el siguiente nivel justo después del instituto o *high-school*. Requieren dos años de estudio y son algo que está entre la formación profesional y una diplomatura. Se suelen dar en escuelas vocacionales y también algunas universidades. Conceden el título de Associate of Arts (AA) o Associate of Science (AS).
- **Bacherlor (BA, BSc):** Son un nivel superior al Associate. Suelen durar cuatro años de estudio y se representan como BA (Bachelor of Arts) o BSc (Bachelor of Science), dependiendo de la disciplina. Equivalen a una diplomatura o licenciatura.
- **Master (MA, MBA, MSc):** Son el siguiente nivel de estudio, una vez se ha realizado un *Bachelor*. También suelen ser la opción preferida para aquellos que ya hayan realizado alguna carrera superior en un su país. Se denominan MSc (Master of Science) o MA (Master of Arts) y suelen ser dos o tres años de estudio. Destacan los MBA (Master in Business Administration) como una opción muy elegida en los últimos años.
- **Doctorado (PhD):** Es el último escalón de la pirámide educativa. Suele ser requisito para ser profesor universitario permanente. Los doctorados son profesionales que han demostrado su extenso conocimiento en la materia con investigaciones propias y, en principio, originales.

Requieren, al menos, cinco años de trabajo, pero se puede convalidar parte si has hecho también un *Master* relacionado.

- **Certificate:** Son cursos cercanos por su extensión a la categoría de *Master*, pero sin llegar al nivel de dedicación y reconocimiento de este. Originalmente están concebidos para profesionales en activo que desean ampliar sus conocimientos en alguna materia o reencontrarse con el mundo universitario. Son una opción poco conocida pero mucho más económica que las anteriores, además de ser más sencilla la admisión.

Los *Associate Degrees* y *Bachelor* entran dentro de la categoría de *Undergraduate*, mientras que el resto (incluidos PhD) son *Graduate Studies*, una clasificación que verás mucho en las universidades.

El coste de las clases (*tuition*) depende mucho del centro y del programa, pero está en el rango de los 10,000-60,000USD por año, siendo los *colleges* menos conocidos los más baratos. Por ello, a más años de estudio, mayor coste. Los *Certificate*, por el contrario, son mucho más baratos, incluso en universidades de prestigio. Su coste total ronda los 7,000USD. Todos ellos (incluido los *Certificates*) conceden al final los mismos derechos para trabajar legalmente con el OPT. Los *Associate Degrees* normalmente se hacen con una Visa M y el resto con Visa F.

Además de ello, tendrás que sumar los costes de manutención (alquiler, comida, transporte, etc.), que varían por ciudad, estando entre 10,000 a 40,000USD por año.

Para hacer frente a esta inversión, aparte de contar con tus ahorros, puedes considerar financiación externa y/o solicitar becas. Los bancos suelen ofrecer préstamos de estudios en condiciones muy ventajosas, como bajos tipos de interés y varios años de carencia (empiezas a devolverlo a partir de terminar los estudios). Esta opción, no obstante, la debes explorar con las entidades bancarias de tu país, ya que en EEUU ningún banco te va a financiar puesto que no tendrás *credit history*, (ver capítulo [El *Credit History*]). En ese caso, deberás tener ciertas precauciones con el tipo de cambio, ya que los movimientos en la relación de tu moneda local en la que pidas el préstamo contra el dólar, pueden suponer extra-costes o, al revés, beneficios importantes cuando lo devuelvas. (por ejemplo, el cruce euro/dólar ha sufrido variaciones de más del 50% en la última década). Contratar un seguro adicional o cubrir las posiciones con futuros puede librarte de ese riesgo.

También existen numerosas instituciones que ofrecen becas de estudios. En este caso, también es algo que debes buscar en tu país de origen, ya que las ayudas federales y estatales sólo están disponibles para ciudadanos y residentes de EEUU. Las universidades, no obstante, suelen ofrecer *grants*, que también son becas, pero normalmente ligadas a trabajar dentro del campus.

Además de ello, las universidades pueden ofrecen becas a buenos deportistas. Una o dos veces al año organizan *tryouts* donde ven si tienen el nivel adecuado para cada deporte concreto. Se trata de convencer al entrenador que ese alumno internacional va a ayudar por sus méritos deportivos al equipo, y, por tanto, es merecedor de una beca. También existen agencias privadas que hacen de intermediarios y ayudan en este proceso.

Respecto a las becas internacionales, las más conocidas son quizás las becas Fullbright, que cubren todo o casi todo el coste de estudios. Son muy competitivas y suelen exigir, de entrada, una nota alta en el examen del TOEFL. Además, cada país tiene las suyas, por ejemplo, en España son famosas las becas de la Fundación La Caixa o las de la Fundación Rafael del Pino. La desventaja es que suelen requerir, para no tener que devolver los importes concedidos, que regreses a tu país una vez terminados los estudios.

Cuando ya tengas claro el campo de estudios y el nivel que te interesa, tienes que encontrar y seleccionar aquellos centros donde se ofrece ese programa. Lo normal es tomar la decisión de los tres aspectos de forma conjunta, teniendo en cuenta la disponibilidad y valorando si es más importante el sitio que el programa en sí. Puedes encontrar diferentes denominaciones para los centros (*college, school, institute* o *university*), que se pueden usar como sinónimos. No obstante, el *college* suele tener menor prestigio.

Todo en Estados Unidos se evalúa, se mide y se compara. Es verdad que la sociedad americana es muy consumista, pero cuando compra, quiere saber todos los detalles y la calidad de lo que compra. En las universidades ocurre lo mismo. Existen numerosos rankings en donde los centros y sus programas se esfuerzan por aparecer los primeros. Su validez es, en nuestra opinión, muy discutible, dado que nunca sabes hasta qué punto son independientes o sesgados hacia el gran negocio universitario. No obstante, hay algunos parámetros objetivos que se pueden consultar, como el número de premios Nobel entre su facultad, los años de experiencia del centro o el número de alumnos.

En todo caso, algunas fuentes interesantes para elegir el centro son www.gradschools.com o los rankings de ARWU (Shanghai Ranking), Times, QS, Forbes o US News

The Application

De la búsqueda anterior, deberías seleccionar entre 5 y 10 centros donde estudiar, ya que, como se ha explicado, es normal que no te admitan en muchos, en especial, cuanto más famosa sea la universidad. Para solicitar la admisión en ellos, tendrás que leer muy bien sus requisitos y fechas límite, que normalmente vienen explicados en sus páginas web en los apartados de *International Students*. Es posible que incluso sea conveniente contactarles para resolver alguna duda.

No obstante, el proceso es muy similar en todos los centros. Consiste en rellenar una *application* donde además requieren:

- **Transcripts:** Son las notas y los títulos de las carreras que tengas o del *high-school*. Te lo piden en formato americano, es decir, en inglés y con su forma de graduación para las puntuaciones (del 1 al 4), conocido como *Grade Point Average* (GPA). Como lo más probable es que en tu universidad o centro no usen ese sistema, y no hagan la conversión, tendrás que usar alguna empresa privada de *Credential Evaluators*. Ellas te cobrarán por recibir tus notas y traducirlas al formato americano, y enviarlas de la manera adecuada a los centros que solicites. ECE y WES son las más utilizadas y aceptadas por las universidades, aunque hay muchas más. Su coste ronda los 150USD.
- **Referrals:** Son cartas de referencia escritas y/o firmadas por algún antiguo profesor o supervisor tuyo. También se aceptan de personas relevantes que te conozcan bien. Han de ser escritas en inglés y suelen pedir al menos dos.
- **Statement of Purpose:** Es una carta de intención donde se explique quién eres, porqué quieres hacer ese programa en esa universidad en concreto y qué vas a hacer después de que lo termines. Tiene que ser una carta original, escrita por ti, muy personalizada al programa y muy meditada. El

Statement of Purpose es uno de los documentos principales en los que se basan para conceder la admisión.

- **TOEFL (Test Of English as a Foreign Language):** Es un examen estandarizado para medir tu nivel de inglés. Actualmente se gradúa del 1 al 120 y se hace a través de un ordenador, en ciertos centros preparados para ello. Lo gestiona una empresa privada que se llama ETS, junto con otra denominada Prometric. No existe el concepto de aprobado o suspenso, sino que son las propias universidades las que fijan su nota mínima. Los centros más exclusivos te podrán pedir por encima del 110 y los menos 70. El examen es muy estándar y centrado en valorar si serías capaz de realizar un programa universitario en inglés. Por ello, los *listening, reading, writing* y *speaking* se basan en simular lecciones de nivel universitario. La estrategia para sacar buena nota no es tanto saber bien inglés, sino adaptar las respuestas a los ejercicios que piden. Por ello, se recomienda practicar mucho con exámenes de ejemplo y usar algún libro específico sobre el TOEFL. También hay academias que preparan para este examen. El tiempo de preparación se estima entre uno y tres meses y su coste está alrededor de los 200USD.
- **GRE (Graduate Record Exam):** Es un examen de conocimientos generales, que también tienen que pasar los propios estudiantes americanos. Sirve para evaluar el nivel,

de forma estándar, cuando se acaba el *high-school*. Consta de tres partes: *Verbal*, *Quantitative* y *Analytical Writing*. La parte verbal es, para los extranjeros, la más difícil con diferencia, puesto que exige un nivel de inglés bilingüe y casi nativo. En todo caso, las universidades son conscientes de esta dificultad, y no suelen considerar la parte verbal de los solicitantes extranjeros al mismo nivel que los americanos. De igual forma que el TOEFL, no hay una nota de corte, cada centro impone su política. En este caso la puntuación va de 130 a 170 (antiguamente de 200 a 800) También lo gestiona Prometric y su tiempo de preparación se estima entre tres y seis meses, siendo su coste alrededor de 200USD.

- **GMAT (Graduate Management Admission Test):** Similar al anterior pero específico para programas en economía y relacionados. Es el que se pide en muchas universidades para los MBA, en lugar o como opción al GRE. En este caso lo gestiona el Graduate Management Admission Council (GMAC). Se evalúan cuatro apartados: *Analytical Writing Assessment*, *Integrated Reasoning*, *Quantitative Section*, y *Verbal Section*. La puntuación va de 200 a 800. El tiempo de preparación se estima entre tres y seis meses, siendo su coste alrededor de 250USD.

- **SAT (Scholastic Assessment Test):** Está más orientado a programas *undergraduate*, es decir, Associate Degrees y

Bachelor. Sirve también para evaluar el nivel adquirido en el *high-school*, junto con la nota media o GPA. Consta de tres partes, *Critical Reading*, *Mathematics* y *Writing* y se gradúa sobre una escala de 1600 puntos. El test lo ha desarrollado el organismo privado Collage Board, pero lo administra EST. Su coste ronda los 100USD. Otro test similar, competidor de este, que también es bastante aceptado es el ACT.

Una vez que ya te has hecho con todos los documentos, los debes enviar a cada universidad en un sobre, junto a la aplicación y el cheque con las tasas correspondientes (algo menos de 100USD por solicitud, pudiendo pagarse online).

En teoría, las notas, referencias, resultados de los exámenes, etc., han de ser enviados en sobre cerrado y sellado por los organismos y personas que los emiten, directamente a la universidad donde apliques, para evitar cualquier fraude. De esa forma se puede solicitar a Prometric o a los *Credential Evaluators*. Sin embargo, habrá ocasiones en que tú mismo tendrás que cerrar los sobres e incorporarlos al paquete con la solicitud.

Después de unos meses de tensa espera, empezarás a recibir cartas de admisión o de rechazo. Deberás finalmente elegir, entre las que te admitan, el sitio definitivo.

A partir de entonces, tendrás que completar la admisión, que, dependiendo de la universidad, requerirá pagar más *fees* y presentar algún justificante médico de salud; o incluso, hacerte análisis de tuberculosis. Lo habitual es que también te obliguen a presentar el *Affidavit (of Support)*, que es un documento en el que se justifica que tienes el dinero suficiente para pagar el coste de las clases, y mantenerte durante el programa. Normalmente hay que demostrarlo con alguna carta o extracto bancario.

Con ello, recibirás un formulario relleno por ellos que es de suma importancia, el llamado I-20, necesario para obtener la Visa (F o M). Para tramitarla, tendrás que pedir cita en la embajada o consulado estadounidense más cercano y ellos te convocarán a una entrevista. En ella, hay que presentar el I-20, algún formulario más (DS-160), fotos y haber pagado ciertas tasas. La entrevista suele ser sencilla, pero la clave es explicar que la intención no es quedarse o emigrar de forma permanente a EEUU, sino que simplemente se va a estudiar (y quizás hacer prácticas), con la intención de regresar al país de origen al final del periodo. Si lo pasas, al cabo de unos días recibirás tu pasaporte con la Visa pegada en una de las páginas.

Los conyugues y dependientes pueden acompañarte durante el tiempo de estudios, con la visa F-2 o M-2, pero no estarían autorizados a trabajar.

La admisión para los *Certificate* suele ser mucho más sencilla, ya que los ratios de aceptación son muy altos y no suelen exigir exámenes como el GRE o GMAT (sí el TOEFL), ni tampoco *transcripts* o *referrals*.

Una vez que ya tengas la Visa y todo en regla, podrás viajar a EEUU, como mucho 30 días antes de que comienzan las clases. Como ves, lograr la admisión es un proceso largo y con mucha burocracia. Es importante planificarlo con tiempo y vigilar las fechas límite y de comienzo de los cursos. En el esquema siguiente, para tu comodidad, se resume en una línea temporal todas las gestiones, de forma aproximada.

Por último, justo cuando empieces el curso académico, las universidades exigen que contrates un seguro médico. Normalmente ellas ya te ofrecen o recomiendan uno barato, pero con bajas prestaciones. Para más información ver [Health (Without) Care].

Milestones para estudiar en EEUU

MESES		
1	ABR	Tomar la decisión de ir a EEUU a estudiar
2	MAY	Decidir tipo de Programa (AA, BA, MSc, PhD, etc) y el campo de estudio Seleccionar 5-10 universidades y estudiar sus requisitos
3	JUN	Solicitar las *transcripts* de tus carreras o estudios previos Pedir referencias a antiguos profesores y personas relevantes Empezar a preparar el TOEFL / GRE / GMAT / etc
4	JUL	Enviar *transcripts* y títulos pasados al *Credential Evaluator* Solicitar BECAS
5	AGO	Recibir informe del *Credential Evaluator* o solicitar que lo envíe a las universidades
6	SEP	Pasar el TOEFL
7	OCT	
8	NOV	Pasar el GRE / GMAT / etc
9	DIC	Elaborar los *Statement of Purpose*
10	ENE	Preparar y enviar sobres con solicitudes a 5-10 universidades (las *applications*)
11	FEB	
12	MAR	
13	ABR	
14	MAY	Recibir cartas de aceptación. Elegir universidad
15	JUN	Enviar *Affidavit of Support*. Terminar aplicación
16	JUL	Recibir formulario I-20 de la universidad Pedir cita en Consulado de EEUU y obtener Visa F o M
17	AGO	Viajar a EEUU (máximo 30 días antes)
18	SEP	Comienzo de las clases

Convalidaciones de títulos extranjeros

Las convalidaciones u homologaciones de títulos extranjeros en general no existen, ya que los programas no son reglados y cada universidad decide sus contenidos.

En muchas profesiones, no obstante, se puede ejercer o trabajar con títulos universitarios extranjeros sin problema. Siempre y cuando se disponga del permiso de trabajo y el organismo o empresa contratante no tenga reparos por ser un título obtenido fuera de EEUU. En general, en posiciones competitivas, hay preferencia por candidatos con títulos americanos, valorándose los PhD sobre los Máster, y estos sobre los Bachelor.

Sin embargo, en ciertas profesiones, como medicina o abogacía, para poder ejercer es necesario, además del título, obtener ciertas licencias que concede cada Estado. Estas licencias se obtienen normalmente después de algunos exámenes, y es posible que sea necesario también que el título se haya obtenido en EEUU. Depende de la profesión y de cada Estado. Se comentará más adelante.

Respecto a convalidaciones parciales o por asignatura, cada universidad tiene sus propias políticas para hacerlo. En general, no serán muy favorables a aceptarlas, por temas puros de negocio, ya que no quieren dejar de ganar lo que pagarás por esas asignaturas. A veces permiten la convalidación, pero pagando el coste completo de cada asignatura.

En todo caso, lo más parecido a una convalidación serían los informes de los *Credential Evaluators*, que, si bien no representan un título universitario en ningún caso, pueden ayudar a que los americanos "entiendan" que es lo que se ha estudiado. No suelen demandarse a nivel laboral, pero recuerda que, si te cuestionan por la educación, siempre puedes recurrir a estas agencias para "traducir" tus estudios.

La vida en el campus

Estudiar en una universidad de Estados Unidos es todo una experiencia. Las universidades son deslumbrantes y funcionan muy bien, porque como muchas cosas en el país, se conciben como un negocio. Cobran mucho a los estudiantes pero pagan bien a los profesores, por lo que consiguen atraer el talento mundial a sus clases. La competencia entre ellas, no les permite dormirse en la obsolescencia. Al igual que el resto de la sociedad, la gestión universitaria se guía, en general, por la meritocracia.

El sistema de investigación también se canaliza, en gran parte, a través de las universidades. Los importantes fondos que dedica el gobierno federal al I+D, se distribuyen entre los institutos de investigación de las universidades en función de propuestas, en las que los diferentes centros compiten. Los investigadores, aunque trabajen para la universidad, suelen retener parte de las regalías (*royalties*) de las patentes que puedan desarrollar. La relación entre universidad y empresa es muy permeable, lo que incentiva a los individuos a ser activos e intentar convertir sus investigaciones en productos reales y compañías rentables. Ello explica la gran cantidad de patentes que desarrollan y, al final, su poderío económico.

El aspecto negativo, por el contrario, es cuando se pierden la misión y los valores, y se persigue el beneficio económico a toda costa. A veces, las universidades parecen demasiado un negocio abusivo. Gastan grandes cantidades de dinero en marketing, para atraer estudiantes (clientes) y adaptan su estrategia para aparecer más arriba en los rankings internacionales, que, por otro lado, parecen sospechosamente sesgados hacia centros estadounidenses.

"Un *Certificate* en materias STEM tiene la mejor relación coste/beneficio.

Muchas personas que han cursado carreras tanto en Europa o Latinoamérica como en Estados Unidos, tienen dificultad para afirmar qué educación es "mejor", considerando todas las variables como carga de trabajo, conocimientos aprendidos y, sobre todo, precio. No obstante, todas coinciden en que la experiencia es distinta.

La educación en EEUU trata más de desarrollar aptitudes y fomentar el pensamiento creativo, que aprender de memoria conceptos. Para ello, la evaluación suele exigir numerosos trabajos, ensayos y proyectos, mucho más importantes que el examen final. La implicación del profesor es total y su trabajo corrigiendo, aportando ideas y guiando en el proceso educativo es mucho más intensa. Se fomenta el debate (de hecho, se puntúa por participar) y todas las opiniones, acentos e ideas son respetadas. La actitud de los compañeros es positiva, colaborativa y reconfortante; premian y alaban los buenos trabajos, sin envidias ni celos. En este ambiente tan proclive, no es de extrañar que surjan grandes amistades e ideas, que después se materializan en potentes empresas.

Por otro lado, no obstante, a veces te queda la sensación de que no se profundiza mucho, de que falta llegar al nivel de conocimiento que se espera en una universidad. Las clases, en muchas ocasiones, parecen más un debate que una lección magistral; aunque muchos conceptos deberían ser indiscutibles, simplemente instruidos. En todo caso, el carácter práctico y directo de las carreras americanas, reserva esa especialización para los doctorados.

Trabajar después: el OPT

Mientras duren tus estudios, al menos el primer curso, no estas autorizado a trabajar fuera del propio campus. Las universidades suelen ofrecer pequeños trabajos *on-campus* como ayudante de biblioteca o similar (las mencionadas *grants*). Ello puede ayudarte a pagar una parte de la enorme inversión que vas a realizar. Para conseguir esos puestos, no necesitas pedir autorización de empleo y tienes que buscarlos directamente en el centro de estudios, si están disponibles. Tampoco suele ser necesaria autorización para trabajo voluntario no remunerado.

A partir del primer año académico (9 meses) es cuando ya puedes empezar a trabajar de forma legal para cualquier empresa. Más que un permiso de trabajo, se considera un período de prácticas relacionadas con tu formación. Por ello, el programa se llama *Optional Practical Training* (OPT). Y es opcional, ya que tienes que solicitarlo aparte y a través tu propia universidad, que lo tramitará ante el USCIS (*US Citizenship and Immigration Service*). El OPT tiene una duración general de 12 meses, pero para estudiantes de programas STEM (*Science, Technology, Engineering,* y *Mathematics*) se puede extender por 24 meses más (36 en total). Se puede pedir antes de terminar los estudios (*pre-completion OPT*), pero durante ese tiempo sólo se puede trabajar *part-time* (20 horas semanales máximo), aunque computa dentro de los 12 o 36 meses. Un requisito es que el trabajo esté relacionado con lo que hayas estudiado, es decir, en teoría no puedes, por ejemplo, venir a un curso de inglés y trabajar como ingeniero.

Para trabajar durante el período de estudios, es más interesante explorar la vía del CPT (*Curricular Practical Training*). En muchas carreras universitarias se requiere o se permite ganar experiencia laboral dentro del propio programa (computa como créditos). Ello está al margen de

"Dependiendo lo que estudies, podrás trabajar legalmente hasta 3 años (mínimo 1).

período permitido en OPT, y es más fácil de solicitar, ya que lo aprueba la propia universidad. Es un programa más limitado, ya que tiene que estar dentro del currículo educativo y la empresa tiene que firmar un convenio con la universidad (una carta de oferta suele servir). Puede ser perfectamente remunerado, tanto en *part-time* como *full-time*. No obstante, si se está en CPT más de 12 meses, después no se autoriza el OPT.

El OPT se puede solicitar como mucho 90 días antes de terminar el primer año académico. La petición se hace a través del *Designated School Official* (DSO), que suele ser la persona de la universidad que gestiona los I-20, que, por cierto, se renovará reflejando que estás en OPT. Al igual que este formulario, se tramita a través del SEVIS (*Student and Exchange Visitor Information System*).

Una vez que lo aprueben, te llegará por correo la famosa tarjeta de empleo [Ver La tarjeta de empleo (*EAD card*)]. A partir de entonces, y de la fecha que pone en la tarjeta, tienes 12 (o 36) meses para estar y trabajar en EEUU, aunque tu Visa F o M haya caducado. Eso implica que si, por ejemplo, tus estudios duran dos años, quizás te convenga esperar justo al final (y no a los 9 meses) para solicitarlo, y así poder alargar el tiempo en que puedes residir legalmente. Lo ideal, es pedir el OPT justo antes del momento en que vayas a trabajar, y tengas ya incluso una oferta o estés en negociaciones. A partir de que te concedan el OPT, empieza la cuenta atrás de residencia y empleo legal, para encontrar al empleador que te *sponsorice* por más tiempo. Si no pides el OPT, una vez termines tus estudios, tienes 60 días para abandonar el país (*grace period*).

Además, hay otra pega, estando en OPT no puedes permanecer desempleado por más de 90 días (o 150 en caso STEM), ya que, si no, pierdes el derecho (y te tienes que ir del país). Muchos resuelven esto con algún trabajo no pagado, en la propia universidad o alguna *non-profit* (ONG), para poder seguir buscando el trabajo adecuado.

También sé precavido al viajar fuera del país, cuando tu visa haya caducado, pero estés en OPT. Lo mejor es que avises a tu universidad antes y sigas sus recomendaciones, para evitar cualquier problema en la frontera al regresar, y no termines en el temido *second inspection*.

Después del OPT, el camino natural es la Visa H-1B (aunque ya se comentó que existen otras opciones aplicables en algunos casos como la O, E, TN...). Para conseguir la Visa H es necesario que la empresa te *sponosorice*, pague unas *fees* y normalmente los honorarios del abogado. Hay que justificar que el sueldo no puede ser inferior al de mercado para esa profesión y que el trabajador no desplaza a un americano (con el *Labor Condition Application* - LCA). La Visa H, además, allana el camino para en tres o seis años conseguir fácilmente la *Green Card* (permite *dual intent*, es decir intención de emigrar).

El problema es que existe un límite anual (*cap*) de 85,000 Visas H concedidas cada año, que últimamente se alcanza, y se supera, el primer día de plazo (universidades y organismos de investigación no están afectados por este *cap*). Para repartirlas, se hace un sorteo, donde puedes quedarte fuera. Por ello, las empresas son, en general, reticentes a *sponsorizar*. Es previsible que haya cambios en este programa en los próximos años, por los rumores de fraude (dos o tres empresas subcontratistas de IT traen miles de indios cada año) y por la necesaria y más general reforma migratoria.

No obstante, muchas empresas americanas ni conocen el programa de OPT, ni están muy enteradas de lo que supone la *sponsorización*. Y como la ignorancia genera miedo, es importante que vayas un paso por delante y les expliques que el OPT es legal y que la transición a otras Visas es más sencilla de lo que parece.

Incluso sería bueno que tú mismo busques un abogado especialista y facilites a la empresa lo más posible que te contraten. Hazles entender que la *sponsorización* es un mero trámite administrativo, pero que hay que cumplir unas fechas; que los gastos derivados no son muy altos en relación al salario y que estás dispuesto a asumirlos compensando con un salario algo menor que el americano equivalente (no mucho menos porque si no, te arriesgas a que no te concedan la Visa). Con la Visa H es posible cambiar de empleador (H-1B *Portability*) o tener varios a la vez, aunque requiere ciertos trámites, pero que ya no están afectados por el problema del *cap* o límite.

Dado que la Visa H se solicita en abril, muchas veces hay un problema de *timing* entre que se te caduca el OPT/Visa F, y tienes la nueva H, hacia octubre de ese año. Ello está previsto dentro del *Cap-gap relief*, un mecanismo por el que se permite a los estudiantes continuar legales y trabajando hasta que se resuelva (para bien o para mal) la petición de H, aunque tengan los papeles caducados. Ello hay que solicitarlo en la universidad, actualizando el I-20. Es importante no salir del país especialmente en esa situación. También existe un *Premium Processing*, en el que, pagando más tasas, te darán respuesta en 15 días de si te conceden la H (lo normal es entre 3 y 7 meses).

En conclusión, como se ha visto, estudiar en EEUU es una de las mejores formas de acabar emigrando, ya que permite adaptarse al país, (idioma, cultura) y conseguir un permiso de trabajo. Cursar un *Certificate* en materias STEM, es la opción con mejor relación coste/beneficio (puedes trabajar hasta tres años, con una inversión de menos de 10,000USD en estudios, siendo la admisión al centro más sencilla).

Conclusiones

- ✓ Conseguir la admisión en una universidad americana requiere tiempo (alrededor de un año) y mucho papeleo.
- ✓ Las convalidaciones de títulos extranjeros no existen.
- ✓ Es importante elegir el campo de estudio, el nivel (*Bachelor, Master*, etc.) y el centro universitario.
- ✓ Los programas son caros, van desde los 7,000USD a más de 100,000USD. Además, hay que considerar los costes de vivir.
- ✓ La opción más barata y con la admisión más sencilla son los *Certificate*.
- ✓ El modelo educativo se basa en desarrollar aptitudes, fomentar el debate y la creatividad, más que memorizar.
- ✓ Se puede trabajar durante los estudios, pero sólo dentro del campus o si las prácticas entran dentro del currículo, con la opción del CPT.
- ✓ Después de un año académico se puede trabajar para cualquier empresa, con el *Optional Practical Training* (OPT).
- ✓ Con el OPT se recibe EAD Card por un año mínimo, ampliable hasta 3 años si se ha estudiado materias STEM.

CAPITULO 6

Las certificaciones profesionales

En Estados Unidos, ya que los programas formativos de las universidades no están reglados, ni los títulos son oficiales, existen numerosas certificaciones independientes que garantizan, de alguna forma, las competencias profesionales. Para obtener la certificación correspondiente, normalmente hay que aprobar algún examen, que avala que el profesional al menos domina la materia, y es complementario al propio título universitario.

Hay que dejar claro que, las certificaciones son independientes a la autorización para trabajar en el país, que se concede dependiendo del tipo de visado, como se vio en [Permiso para estar: VISAS]. Es decir, las certificaciones no te confieren derecho a trabajar, si bien, pueden facilitar o dificultar que una empresa te quiera contratar y para ello *sponsorizarte*. Como se explicó, tienes que ser muy interesante y aportar mucho valor para que una empresa decida invertir y tomar riesgo en procesar tu

Visa. Por ello, si tienes alguna certificación empleada en Estados Unidos, ayudará a hacer tu perfil más interesante, pero no será determinante.

No obstante, en ciertas ocasiones, las certificaciones son obligatorias para ejercer la profesión o realizar ciertas tareas, por ejemplo, para médicos, abogados (Bar Exam), contables (CPA) o ingenieros que firmen proyectos (PE). En otros muchos casos, aun no siendo obligatorias por ley, están tan arraigadas en ciertas industrias, que se consideran básicas. Por ejemplo, el PMP para *project managers* o el CFA para financieros. Aparte hay multitud de certificados, más o menos extendidos, que, en todo caso, mejoran y ponen en valor tus conocimientos.

Lo que ocurre, es que, en los actuales mercados laborales, la propia competencia entre candidatos obliga a ir acumulando títulos y certificaciones. Por ello, hay profesionales que van añadiendo en sus nombres, una ristra de siglas tal, que a veces resulta hasta cómica. Por ejemplo, Juan Munoz, PhD MBA PE CFM CPESC QSD/QSP PMP LEED AP.

Muchas de estas certificaciones son gestionadas por empresas o institutos privados, con o sin ánimo de lucro, pero que cobran a buen precio por la realización de los exámenes y los materiales de estudio. Por ello, y también por el esfuerzo que conlleva, valora antes de precipitarte, si la certificación en cuestión va a ayudar a tu carrera.

Para aquellas certificaciones que son obligatorias por ley (denominadas más bien licencias), casi siempre se gestionan a nivel de Estado. Eso quiere decir que, normalmente, si has conseguido la licencia para ejercer en un Estado, ello no te autoriza a ejercer en el resto. Para ello, tendrías que volver a sacar la correspondiente licencia en aquellos Estados de tu interés, bien convalidándola total o parcialmente, o, en la mayoría de los casos, partiendo de cero. Dado que conseguir y mantener las licencias supone un importante coste económico y esfuerzo, lo usual es que pocos profesionales (como médicos o abogados) estén autorizados en varios Estados. Es, en el fondo, una medida proteccionista dentro del propio país, y también una forma de garantizar la responsabilidad civil y penal, según las normas de cada Estado. No hay que olvidar que, el objetivo último de estas licencias, es la protección del consumidor.

Professional Engineer (PE), la licencia de los ingenieros

A modo de ejemplo, y porque es uno de los colectivos con mayor movilidad internacional, se va a comentar más profundamente la certificación para los ingenieros.

Los requisitos para ejercer la profesión de ingeniería en EEUU son sustancialmente diferentes a Europa o Latinoamérica.

Para poder firmar proyectos se requiere que el ingeniero en cuestión esté licenciado, es decir sea *Professional Engineer* (PE). Además, aunque el proyecto no requiera legalmente de la firma de un PE, desde el punto de vista comercial, suele ser una exigencia común contar con PE como sello de calidad y competencia profesional. No existen colegios profesionales, aunque sí que hay varias asociaciones que velan por la defensa de la profesión, destacando la *National Society of Professional Engineers* (NPSE). Tampoco es necesario el visado de los proyectos, ya que la licencia valida o garantiza que el ingeniero que lo firma es competente, ya que además asume, de manera personal, la responsabilidad civil y penal de las posibles consecuencias.

Hasta hace poco más de un siglo, para ejercer de ingeniero no hacía falta ninguna prueba de competencia profesional. No obstante, para proteger la salud pública y la seguridad, se comenzaron a establecer leyes sobre licencias para ingenieros. El primer sitio fue en Wyoming en 1907. Actualmente, todos los Estados regulan la práctica de la ingeniería para asegurar la seguridad pública, concediendo sólo a los *Professional Engineers* la autoridad para firmar proyectos. Por otro lado, si la empresa va a ofrecer servicios de ingeniería, debe contar con al menos un ingeniero PE, y en muchos casos, este debe ser parte del Consejo de Administración. Ello es a veces una barrera importante para las empresas extranjeras (o de otro Estado) que quieren implantarse.

Es necesario clarificar que las especialidades de ingeniería de EEUU pueden no coincidir con las existentes en otros países. Existe *Mechanical Engineer*, *Electrical Engineer*, *Chemical Engineer*, *Industrial Engineer* y varias especialidades más, pero no existe un ingeniero generalista que pueda ocuparse de varios tipos de proyectos como puede ocurrir, por ejemplo, con los ingenieros industriales o civiles de otros países. Además, en algunos Estados, las licencias de PE se conceden sólo para esas disciplinas (ej. *PE Mechanical*), cada una con sus competencias. Destaca el *Civil Engineer*, que es necesario para aprobar cualquier tipo de estructura de cierto tamaño, así como puentes, carreteras, conducciones o vías férreas.

Las licencias de PE son emitidas y reguladas por cada Estado, y son sólo válidas para dicho Estado, aunque las convalidaciones entre ellos suelen ser asequibles. Una vez obtenida, permite que al nombre del ingeniero se le añadan las siglas PE. En líneas generales, estar licenciado implica:

• Sólo un ingeniero licenciado puede preparar, firmar, sellar y presentar cualquier plano de ingeniería ante una autoridad pública, y sellar cualquier trabajo de ingeniería para clientes privados o públicos.

• Los ingenieros licenciados tienen la responsabilidad de su trabajo y también de las vidas que se vean afectadas por su trabajo y deben seguir los altos valores éticos que su profesión requiere.

- Muchos Estados requieren que los profesores que enseñen ingeniería estén licenciados.

Como se ha comentado, las instituciones que conceden las licencias son estatales, y, en general, se denominan *Boards of Professional Engineers*, dependientes de los departamentos de protección al consumidor, por ejemplo, el *Texas Board of Professional Engineers* en Texas o el *California Board of Professional Engineers* en California. En sus páginas web, se puede buscar profesionales con licencia, e incluso, ver, con todo detalle, medidas disciplinarias que se han tomado contra aquellos que ha hecho mal uso de su profesión.

Aunque cada *Board* tiene su regulación, en líneas generales, para obtener la licencia hay que seguir los siguientes pasos:

1. Graduarse en una Universidad en un programa de ingeniería. Aunque no es totalmente imprescindible, facilita en gran medida si dicho plan de estudios está aprobado por ABET (*Accreditation Board for Engineering and Technology*). Esta institución sin ánimo de lucro acredita la calidad del programa educativo y del centro donde se realice. ABET está dispuesta a certificar programas de centros fuera de EEUU y está involucrada en numerosos acuerdos internacionales con diversas instituciones, para asegurar la calidad de la ingeniería. El requisito de ABET no es imprescindible en todos los Estados y se solventa en general con más años de experiencia laboral o con exámenes adicionales como el TOEFL.

2. Convertirse en un ingeniero en prácticas (*engineer intern* o *engineer-in-training*, EIT) tras aprobar el examen denominado *Fundamentals of Engineering* (FE). Es un examen de 6 horas con preguntas de selección múltiple (*multiple-choice*), y sin recursos adicionales a un formulario oficial proporcionado.

3. Ganar experiencia profesional. Todos los Estados requieren al menos cuatro años de experiencia profesional en ingeniería, preferiblemente bajo la supervisión de un *Professional Engineer*, antes de poder presentarse al examen de la licencia. Esa experiencia se ha de justificar con cartas de referencia o formularios que tienen que rellenar y firmar los supervisores, en muchos casos, en sobre cerrado y sellado.

4. Aprobar el examen de *Principles and Practice of Engineering* (PE) en el Estado donde se desee trabajar. Dicho examen, así como el de *Fundamentals of Engineering* (FE), están gestionados por otra sociedad sin ánimo de lucro, NCEES (*National Council of Examiners for Engineering and Surveying*), que desarrolla, administra y puntúa los exámenes. El formato de examen es similar al FE, de 8 horas con preguntas *multiple-choice*, esta vez a libro abierto.

5. Después, la licencia se ha de mantener según los requisitos del Estado a través de formación continua, cursos o seminarios.

No es necesario ser ciudadano americano o tener un visado de trabajo o de residencia (como la *Green Card*) para poder optar a la licencia de PE. Sin embargo, a efectos de identificación, se suele pedir el SSN (*Social Security Number*) o el ITIN (*Individual Taxpayer Identification Number*). Entre tasas y materiales de estudio, el coste de obtener el PE puede rondar los 1,000USD como mínimo.

Conclusiones

- ✓ Las certificaciones profesionales sirven para garantizar tu conocimiento en una materia, según exámenes estandarizados.
- ✓ Son siglas que se añaden a tu nombre.
- ✓ No tienen nada que ver con el permiso para trabajar, que concede el tipo de Visado.
- ✓ Son adicionales y complementarias a los títulos universitarios.
- ✓ En algunas profesiones son obligatorias (licencias).

HR Connection

CAPÍTULO 7

Encuentra trabajo en Estados Unidos

Encontrar trabajo en EEUU puede ser muy fácil o imposible, sólo depende de lo atractivo que es el producto que estas vendiendo: tu persona. Como todo lo que se vende, tienes que tener una calidad suficiente para el comprador (buen CV o Resume), contar con los permisos exigidos (visa de trabajo) y estar a un precio (salario) razonable.

Vender (o venderse) es el trabajo más difícil. No sólo el producto tiene que ser bueno, tiene que *parecerlo*. Y para esa labor de marketing personal, hemos escrito este capítulo. Aquí te vamos a contar todo lo que necesitas, y cómo tienes que hacer, para ser apetecible en el mercado laboral.

Sobre los permisos ya hemos hablado mucho en los capítulos anteriores. Sin permiso de trabajo es casi imposible que te contraten, y no se recomienda el trabajo ilegal en ningún caso.

El primer paso para conseguir un empleo suele empezar por rellenar un formulario online. En muchos ya te preguntarán directamente si tienes permiso y/o si necesitas *sponsorización* (ahora o en el futuro para la H u otra Visa). Si es así, lo mejor es decir una mentira piadosa para por lo menos avanzar en el proceso y llegar a la entrevista.

Esto, que ocurre en muchas empresas, incluso muy grandes, sería un bonito *class action* (o demanda millonaria) para algún bufete con ganas de protagonismo. Es en teoría ilegal, y ya lo pone bien claro el Form I-9 en su encabezado, discriminar por la fecha en que caduca el visado o el permiso de trabajo, así como exigir un tipo de papeles (o EAD Card) frente a otros. Lo único que pueden preguntarte, y tú tienes la obligación a responder, es si estás o no autorizado a trabajar. No pueden preguntarte ni cómo ni hasta cuándo. Más adelante se verá el importante tema de la discriminación.

No obstante, la realidad es que así pasa. Según nuestra experiencia, más o menos un 60% de las empresas no contratan a menos que ya tengas permiso permanente (*Green Card*), un 35% contratan personas con OPT, pero no *sponsorizan* después (la H u otras) y el 5% restante están dispuestas a contratar y *sponsorizar*. En algunos sectores, como empresas que trabajan para el Gobierno (sobre todo Defensa), exigen incluso la ciudadanía.

Sobre el salario, no tienes que preocuparte, por lo menos, al principio. Te deslumbrarán los sueldos que se pagan, sobre todo si comparas con Latinoamérica o los países del sur de Europa. Con el tiempo te darás cuenta que, pese a las elevadas cifras, al final, la renta disponible no es tan alta, porque los costes de vida son también muy altos. Además, casi toda la protección social que hay en Europa (salud, desempleo, jubilación, educación superior, etc.), aquí es privada, y nada barata. Muchos americanos por ello añoran el modelo europeo, donde la vida es, en general, más tranquila y segura. Se comentará más adelante.

La tasa de desempleo en EEUU ronda en 2017 el 4.4%. Incluso en los peores momentos de la crisis alcanzó el 10%. Las cifras actuales casi se pueden considerar pleno empleo. Como es una media, hay regiones y determinados oficios donde virtualmente no hay paro. El mercado laboral es muy competitivo, al igual que el resto, por lo que, en un entorno de escasez de demanda, las empresas compiten por los buenos trabajadores con salarios crecientes. La inflación se controla porque los costes de los productos también son muy competitivos. Ello resulta en una sensación de falsa riqueza que se llama *American Dream*. Al tener en cuenta los costes de vivienda, servicios médicos y educación superior, es cuando se percibe la desaparición de la clase media y la creciente desigualdad, que ha desembocado en un creciente hartazgo social y movimientos como *Occupy Wall Street*, al igual que en otras partes del mundo.

De las tres claves para encontrar trabajo (curriculum, permisos y salario) ya hemos comentado las dos últimas. Sin embargo, aunque tengas permiso y estés dispuesto a aceptar cualquier sueldo, puede que no sea tan fácil encontrar el trabajo que buscas. Hemos conocido gente que le ha tocado la lotería de la *Green Card* y que han tenido dificultades para encontrar el empleo deseado en EEUU.

Para puestos medios o altos se exige experiencia, pero ha de ser en EEUU. La experiencia que traigas de tu país, en general no se considera, por las diferencias de procedimientos, políticas y formas de hacer que hay en casi todos los trabajos. De igual forma, no se valoran igual los títulos universitarios extranjeros. Si ese es tu caso, te recomendamos que empieces con humildad, aceptando trabajos de menor categoría a tu nivel o incluso haciendo algún tiempo de beca o *intership*, aun no pagada. También puede ser interesante tomar algún curso universitario, por ejemplo, en los *Certificate* normalmente dejan tomar asignaturas sueltas. De esa forma, empezarás a conocer el país, el idioma y, sobre todo, tener alguna referencia.

Las referencias son muy importantes, porque es habitual que llamen a empleadores (y profesores) pasados para comprobar si en efecto has trabajado ahí, el sueldo y las responsabilidades que tuviste. Es parte del proceso llamado *Background Check*, que se verá más adelante. Si no tienes ninguna, es más difícil que te ofrezcan un puesto que no sea de *entry level*. Con el tiempo, no obstante, irás creciendo rápidamente.

Todo esto se refleja en tu catálogo de venta, es decir, tu curriculum o *Resume*. A continuación, te vamos a dar las claves para que tu CV cumpla con los estándares americanos y además destaque entre la multitud.

Sales Prospectus: Prepara tu Resume y Cover Letter

En EEUU hay un tema muy serio que merece la pena comentar ahora. Es el tema de la discriminación, que afecta desde cómo tiene que escribirse el *resume* hasta qué preguntas pueden hacerte en la entrevista. No hay que olvidar que, aunque presumen de baladí de la democracia y el *freedom*, en EEUU hubo esclavitud hasta finales del siglo XVIII y les costó una guerra terminarlo. Las heridas no se curaron rápido, y hasta los años 60 existió un apartheid bastante duro. Gracias a activistas como Luther King, aquello consiguió mejorar, pero los recelos duran hasta hoy en día. Salvando las distancias, muchos ven ciertos parecidos con el trato que se da a los latinos, un estrato social desfavorecido por la falta de papeles en regla y derechos.

El racismo es un tema que se toma muy en serio en el país, donde no hubiera sido posible una convivencia tranquila entre tantas razas y culturas, de no ser por unas leyes muy estrictas en materia de discriminación.

Las empresas están obligadas a no discriminar por raza, edad, sexo o religión a la hora de seleccionar un candidato. Además, tienen que cumplir ciertas cuotas de diversidad entre sus trabajadores. Es decir, no pueden ser todos hombres blancos, por ejemplo. Por ello, en muchos formularios te preguntarán tu raza. A veces conviene más poner que eres de una minoría, para entrar en esas cuotas. Los españoles y muchas personas de centro o Sudamérica, tienen a veces dificultad para responder esa pregunta, ya que entre las opciones hay *White* pero también *Hispanic* o *Latino*. Y no queda claro qué tiene que poner una persona blanca de España, aunque lo más normal es que, cuando oigan tu acento, te cataloguen en la de *Hispanic*. Aquí los estadounidenses tienen mucha confusión entre raza, cultura e idioma. Úsalo a tu favor y responde lo que más te convenga pensando en las cuotas. También pasa algo similar con la gente mestiza. Hay una cantinela bastante cruel, heredada de otras épocas, por la que se dice que, con que uno de tus 16 ancestros (tatarabuelos) fuera negro, tu eres negro, aunque por la lógica de la genética tengas toda la apariencia de blanco (*one blood drop rule*).

Este tema, y que te pregunten por ello, suele chocar bastante, y provocar sentimientos contrariados. A nosotros nos gusta verlo en positivo, teniendo en cuenta que medidas así han ayudado a superar, en pocas décadas, problemas sociales muy graves, llegando a una convivencia tranquila y a una integración cada vez más profunda, aunque todavía le queda camino por recorrer.

Todo ello hace que en los *resumes* americanos sean muy anodinos, ya que no pueden aparecer datos personales como fecha de nacimiento, lugar o sexo. Ni tampoco, por supuesto, foto. Si aparecen, los departamentos de RRHH no le queda otro remedio que destruirlos, para evitar cualquier tipo de denuncia, actuando de forma defensiva. Ten cuidado con ello, y adapta tu cv para cumplirlo.

Un buen *resume* debería ocupar sólo una página, estar en inglés y contener estos apartados, por orden:

- Nombre, dirección de email y teléfono americano. Opcionalmente puedes poner dirección postal siempre que no sea extranjera.
- Objetivo. Es importante poner un párrafo que describa *quién* eres y qué buscas. Aprovecha para enfocarlo al trabajo al que aplicas, de forma que consigas un *targeted resume*, que se verá más adelante.
- Experiencia laboral, ordenado de más reciente a más antigua, destacando la relevante para el puesto que aplicas.
- Educación, de la más reciente a la más antigua. Incluye el GPA si es alto (superior a 3.5).
- Certificaciones profesionales, si las tienes.

- Otros datos relevantes como intereses, idiomas (adicionales al inglés, que se da por hecho) o informática.

El formato debe ser limpio y legible, ordenado. Los *resume* americanos suelen ser muy clásicos y simples. Aprovéchalo usando un diseño moderno y llamativo, de forma que consiga ganar la atención de la persona de RRHH.

Además, intenta describir tu experiencia y logros de una forma descaradamente optimista. Cuando ves los perfiles de los candidatos americanos, son deslumbrantes, todos parecen personas de éxito que han logrado cosas increíbles. Y probablemente sea verdad, pero al mismo nivel que lo hemos conseguido todos. Simplemente ellos, con su talento natural para el marketing, son capaces de destacar lo mejor de sí mismos convirtiendo los hechos en *slogans*. Es también una diferencia cultural, ya que, en muchas otras partes del mundo, sus currículos se considerarían "inflados". Para ello puedes emplear verbos como *expand, boost, lead, supervise, manage, achieve, grow*, etc.

Los puestos en EEUU se suelen describir de forma muy detallada en la *job offer*. Las tareas que exigen ese puesto, conocidas como la *job description*, son algo muy importante, porque después, es casi vinculante legalmente a lo que el empleador te puede exigir por el salario que te paga. Es decir, si cuando estés en el puesto te exigen otras cosas a lo acordado, puedes intentar negarte alegando "eso no estaba en mi *job description*".

Como hay mucha competencia, dado que los americanos siempre están buscando mejores oportunidades cambiando de empleo, los departamentos de RRHH reciben, usualmente, muchos candidatos. En ocasiones, emplean software, como Taleo, que les ayuda a filtrar los mejores perfiles. Ello se basa en detectar palabras clave de tu perfil con palabras que aparecen en la *job description*. Para tener éxito, y en todo caso, ayudar al personal de RRHH a entender tu perfil, conviene adaptar el *resume* y la carta de presentación o *cover letter*, a las palabras y tareas que requiere la empresa. Eso se denomina preparar un *targeted resume*. Es un buen truco cambiar las tareas de tus trabajos pasados para que coincidan "literalmente" con lo que se pide.

De igual forma, es conveniente preparar una *cover letter* o carta de presentación, nuevamente adaptada al puesto. La *cover letter* es algo muy habitual y casi obligatorio. Te recomendamos que prepares una genérica y la vayas adaptando a cada puesto, con las mismas palabras. Lo ideal es que tenga, al menos, un primer párrafo de presentación, uno segundo contando tu experiencia pasada relacionada con ese puesto y un tercero de conclusión explicando por qué serías bueno para esas funciones y por qué quieres trabajar para esa empresa.

Buscar trabajo es un trabajo en sí. Y los americanos ya quieren que te esfuerces desde antes siquiera de empezar. Así que ten paciencia, y emplea tiempo en adaptar tu catálogo de venta personal (*resume* y *cover letter*) para cada "cliente".

Por último, no olvides cuidar y alinear las redes sociales con tu perfil profesional. Sobra decir la importancia creciente que tiene lo que aparece de ti en Internet. En especial Linkedin, ya que no será raro que reclutadores y agencias de *staffing* te contacten por este medio. La clave es que se vea claramente que estas allí, que tienes un cargo que encaja con lo que buscan y, sobre todo, que se destaque que ya has trabajado en EEUU. Por otro lado, Facebook, que quizás no te ayude a encontrar empleo, pero que si podrá ser revisado para saber más del candidato. Protege tu intimidad y evita que puedan ver cosas negativas (fiestas, alcohol, etc.).

Generating Leads: Dónde y cómo buscar trabajo

Las ofertas de empleo se suelen publicar en las propias páginas de las empresas o portales específicos de trabajo, entre los que destacan Indeed, CareerBuilder, Monster, o el propio Linkedin. Verás que suelen ser ofertas muy específicas y detalladas que probablemente te dirigirán a un formulario online que tendrás que rellenar.

Te cansarás y aburrirás de completar formularios que, en la mayor parte de las veces, no tendrán respuesta. Para ello es útil si activas la función de autocompletar del navegador (Chrome la tiene) y vas guardando tus perfiles en los diversos portales de empleo.

Pero ello no es suficiente, tienes que mejorar el rendimiento de tu búsqueda de oportunidades o *leads*, para tener éxito en encontrar un empleo. La mayor parte de los puestos se llenan con gente recomendada (*referrals*) por otros trabajadores o amigos. Incluso muchas empresas tienen la política de dar pequeños *bonus* a aquellos que les den buenos *referrals*.

Esto es una dificultad al principio, cuando no conoces a nadie. Es muy recomendable que empieces a tejer tu red de contactos, por ejemplo, acudiendo a eventos de *networking* profesionales, que son muy habituales, participando en actividades extracurriculares, etc. Lleva preparada tu tarjeta o *business card* con tus datos personales, y afianza tu red conectando en Linkedin. Verás que los americanos son muy abiertos a conocer gente y hacer este tipo de contactos, ya que ellos también se enfrentan al mismo problema. Otra cosa es pasar de esta relación superficial a algo más profundo, algo fácil en países latinos o europeos, pero muy complicado en EEUU, y en general el mundo anglosajón.

Dado que rellenar el formulario de una aplicación de empleo, no te garantiza que te vayan a llamar, para aquellos puestos que más te interesen, se recomienda hacer una labor de búsqueda mucho más activa. Intenta encontrar quién de RRHH ha publicado la oferta, o personas de la empresa de ese departamento. Contáctales por Linkedin, correo electrónico y postal o teléfono. Si les envías tu *resume* de forma directa, tienes muchas más posibilidades de que lo miren y se interesen por tu perfil. Ten en cuenta que muchas veces están sobrepasados de aplicaciones. Haz que la tuya destaque con esta atención personal. Ellos lo agradecerán, o al menos, te rechazarán de forma educada, dándote *feedback* y alguna pista que te permita mejorar para el siguiente intento.

Otra forma muy potente de conseguir los primeros empleos es a través de agencias de *staffing* o empresas de trabajo temporal. Muchas veces las empresas tienen necesidades puntuales como reemplazos que tienen que cubrir muy pronto. Por ello subcontratan a las agencias de *staffing*, para que les resuelvan el problema. También muchas veces las eligen por simplificar, para probar personas y para evitar problemas legales (despidos, juicios, etc.), ya que el trabajador, a todos los efectos, pertenece a la agencia. Estas agencias cobran a la empresa más que lo que te pagan a ti, por lo que les sale rentable. Con el tiempo, si la empresa está contenta contigo, lo normal es que te contrate en su plantilla, subiéndote el sueldo, pero ahorrando costes frente a la subcontratación. Eso a ti te viene muy bien porque las agencias suelen pedir menos requisitos para contratar que las empresas, ya que su negocio es colocar gente, rápido, y ello requiere un gran pool de candidatos. Mientras que tengas una educación adecuada y permiso de trabajo (aunque sea con OPT), las agencias estarán encantadas de admitirte. Lo recomendable es que te apuntes a todas las que puedas, por si surge algo. Las más conocidas son Kelly Services, Randstad, Adecco, AppleOne, Robert Half, Manpower, Select Staffing, Allegis, etc.

También ten cuidado con trabajos que luego resultan ser un timo. Sitios que ofrecen condiciones increíbles, grandes sueldos y trabajos raros, suelen ser algún tipo de engaño. A veces te invitan a entrevistas, algunas en grupo, donde te acaban pidiendo cierto dinero para empezar a trabajar. Nunca jamás hace falta pagar o adelantar dinero en ningún concepto, para empezar a trabajar, ni *fees*, ni gastos de ningún tipo. Cuidado también con los trabajos donde la ganancia sólo es la comisión por venta o cuando tienes que comprar cierto stock de productos para venderlos más caros. Suelen ser *ponzi schemes*. No es difícil caer en estas trampas, sobre todo cuando eres nuevo en el país y encima estás desesperado por encontrar empleo. La mejor manera si tienes dudas, es buscar en Internet el nombre de la empresa seguido de *"scam"* o *"rip-off"* y leer lo que sale. Te va a sorprender en muchos casos.

Sales Pitch: La entrevista

Una vez tu CV haya sido seleccionado, te llamarán para concertar una entrevista. Muchas empresas harán la primera entrevista por teléfono para tantear si eres la persona que están buscando, tus expectativas salariales y si realmente estás interesado en la empresa y puesto. La entrevista telefónica puede ser una pesadilla cuando tu nivel de inglés es justo, ya que la comunicación es peor. Por ello, es muy importante preparar esta "pre-entrevista" informándote sobre la empresa y teniendo claro por qué te interesa el trabajo y qué puedes aportar. Algo que te puede ayudar, es analizar la razón por la que crees que han elegido tu CV frente a otros y explotar al máximo esa *strength* a la hora de hacer la entrevista. Por ejemplo, si el trabajo exige hablar español e inglés bilingüe y experiencia internacional, debes enfatizar con el entrevistador estos dos puntos. Una vez pases la entrevista telefónica (en caso de que la haya), te llamarán para concertar una entrevista personal.

En la mayoría de ocasiones te enfrentarás al llamado *panel* de entrevistadores, es decir, que no habrá un solo entrevistador, sino dos o más. Normalmente serán de RRHH, un mánager y quizás algún compañero. Deberás encandilar a cada uno de ellos, sabiendo que RRHH se centrará más en tu actitud y aspectos de personalidad, mientras que el resto, se focalizará en tus habilidades más técnicas.

A continuación, te brindamos cuatro trucos para que tengas éxito el día de la entrevista:

El primero es llevar tantas copias de tu CV en papel como entrevistadores haya, así como calificaciones o proyectos que hayas realizado. En muchas ocasiones no lo han impreso ellos o confunden al candidato.

El segundo truco es la apariencia física, ya sabes que la primera impresión es la que cuenta, por lo que deberás ir con un traje formal. Para hombres, es conveniente usar un traje de chaqueta oscuro, con un color no llamativo y sin estampado, para no distraer la atención del entrevistador. Los colores oscuros dan sensación de seriedad. Respecto a usar corbata, en general se recomienda, aunque cada vez es menos común, en especial en USA. Sólo si estás muy seguro de que no la van a llevar los entrevistadores, entonces no la lleves, pero es mejor ir *overdressed* que parecer vulgar. Y para mujeres, lo más adecuado es también llevar un traje oscuro con una camisa clara y unos zapatos elegantes, a juego con el bolso. Es conveniente un maquillaje natural, no llevar las uñas pintadas con un color llamativo y el pelo mejor recogido para que puedan centrarse en la cara. Esto da también sensación de persona organizada. Respecto a los perfumes, se recomienda optar por un perfume suave, ya que los americanos son muy sensibles con los olores.

El tercer truco es sobre cómo saludar en la entrevista. Lo recomendable es repetir el nombre de la persona que se te está presentando para poder así recordar su nombre. De esta forma, a la hora de hacer la entrevista, podrás hacer comentarios como *"as Lucy mentioned, the job will take 2 hours a day..."*, esta parte les encantará, ya que demostrará orientación al detalle.

El cuarto truco es haberte preparado las posibles preguntas de la entrevista previamente. Para ello, las preguntas se suelen dividir en cinco módulos:

1. **Historia personal**: La empresa te pedirá que comentes tu *Resume* y te hará preguntas del tipo "¿por qué dejaste esta empresa?", "¿qué hacías como *marketing analyst*?", o "aquí mencionas que analizabas las ofertas del mercado, ¿podrías especificar cómo lo hacías?". Deberás tener muy estudiado cada punto de tu CV, pues lo que quieren saber es lo que hiciste realmente y que no estás mintiendo. Respecto a las razones de por qué dejaste una empresa, siempre sé positivo y habla bien de la empresa anterior. Los americanos no se suelen quejar ni hablar mal de nadie.

Respecto al aspecto personal, jamás te preguntarán (o no deberían) sobre aspectos íntimos como si tienes hijos o estás casado, ya que no tiene que ver con tus funciones en el puesto. Ello está relacionado con el tema de la posible discriminación.

Sin embargo, sí que te pueden preguntar sobre tu estatus migratorio, aunque ello esté al borde de la legalidad. Lo único que deberían preguntar es si estas autorizado a trabajar en EEUU, ya que no se puede discriminar por la duración o el tipo de visado. A menos que puedas presumir de tener *Green Card*, si tienes OPT u otro tipo de visado que permita trabajar, lo mejor es que contestes con un escueto "*I am authorized to work in the United States*". Eso ya lo comprobarán después con el *Form I-9* o el *e-verify*. No obstante, es muy probable que te pregunten directamente si tienes *Green Card* o eres ciudadano y te descarten si no es así. Cómo se explicó en la primera sección, las empresas son reacias a *sponsorizar* y tienen mucho miedo a contratar a alguien que pueda convertirse en trabajador ilegal.

2. **Interés y conocimiento de la empresa**: En este punto, es muy importante haber buscado la empresa y conocer detalles importantes de la misma. Una vez tengas esta información, piensa por qué te puede interesar la empresa en sí, y expón estas razones en tu entrevista. Te harán preguntas como: ¿Conocías nuestra empresa?, ¿Qué sabes de ella?, ¿Por qué quieres trabajar en esta empresa?

3. **Interés y conocimiento del puesto**: Aquí es muy importante haberse estudiado la *job description* del puesto para el cual te estás entrevistando, pues te dará la clave para pensar en posibles preguntas y respuestas. Un ejemplo de *job description* para *marketing analyst* podría ser el siguiente:

We are looking for a Marketing Analyst with 3 years of related experience. This person will create the content for marketing materials and analyse the market trends.

Job duties are:

- *Develops marketing products and strategies to increase sales.*
- *Collects and analyzes data on customer trends and demographics.*
- *Conducts market analysis to identify potential markets and customer needs.*

Las preguntas relacionadas con esta *job description* podrían ser: Cuéntame un caso en el que hayas tenido que realizar un *market analysis* para un producto determinado. ¿Cuál fue el producto? ¿Cómo y dónde buscaste la información de mercado? ¿Cuáles fueron los resultados? ¿Hiciste recomendaciones de marketing? ¿Se aplicaron tus recomendaciones? Si fue así, ¿cuál fue el resultado?

4. **Preguntas típicas**: ¿Por qué estás interesado en el puesto?, ¿Por qué estás interesado en la empresa?, ¿Por qué debería seleccionarte a ti y no a otro candidato?, Dime tres virtudes y tres debilidades.

5. **Tus preguntas**: Deberás preparar unas cuantas preguntas para el final de la entrevista. Es muy importante que preguntes al menos tres cosas, ya que muestras interés. Estas preguntas deben ser relativas al trabajo como, por ejemplo, ¿qué herramientas usáis para hacer estudios de marketing? (si el puesto es de marketing), más que relativas a intereses propios como el salario. Aunque, si te preguntaran cuál es tu *salary rate*, deberás tener más o menos claro cuánto deberías cobrar según tu experiencia, el tipo de puesto al que optas y la ciudad dónde estás

aplicando. En general, no tengas miedo en demandar un salario alto, siempre van a negociarlo a la baja y muchas veces tampoco sabes cuál es su precio límite.

En resumen, prepárate la entrevista, no sólo buscando información sobre la compañía, si no también, estudiándote el puesto de trabajo en sí y adaptando tus preguntas y respuestas a lo que la empresa busca. Por otro lado, intenta conseguir cercanía o puntos en común con el entrevistador, por ejemplo, si es una persona muy ordenada, expón tus ideas de forma clara y concisa, sin embargo, si es una persona sociable, conversa con la persona sobre sus intereses y muéstrate empático. Finalmente, recuerda que los primeros 30 segundos de la entrevista son los que más impactan al entrevistador, por tanto, lleva ropa adecuada y preséntate dando la mano y repitiendo el nombre del entrevistador. Si puedes, espera a que te indiquen dónde debes sentarte e intenta mostrarte agradable con ellos, agradeciéndoles que te hayan invitado para entrevistarte.

Closing: Negociando condiciones, La Offer Letter

Si finalmente tienes éxito, lo habitual es que alguien de RRHH te llame para comunicarte que has sido seleccionado para el puesto, y confirmar que sigues interesado, ya que puede pasar cierto tiempo desde la entrevista.

A continuación, te hará una oferta en la que te indicará no sólo el salario bruto y la parte variable, sino también el paquete de beneficios (*benefits*) de la empresa, puesto y tipo de acuerdo (y no contrato puesto que en EEUU apenas se utiliza la contratación). Esas condiciones se resumen en un documento que se llama la *Offer Letter*, y que concreta los términos en los que se establecerá la relación profesional.

En EEUU no sólo se negocia el salario bruto, sino también el paquete de *benefits*, que es muy importante para valorar la retribución neta, puesto que cada beneficio se traduce literalmente en dinero. En especial, el seguro y las facturas médicas pueden suponer un desembolso substancial en caso de enfermedad, como se verá más adelante. Conocer qué parte paga la empresa y qué está cubierto por el seguro, puede suponer una diferencia económica significativa. Aparte de ello, aportación a planes de pensiones (llamado 401K) y días de vacaciones, son los elementos más relevantes a negociar en el paquete de beneficios. Pueden suponer entre un 10 y un 20% o más del salario neto anual.

Una vez te comuniquen las condiciones, ellos esperan, ya que es lo normal, que hagas una contraoferta e intentes mejorar algo el salario o los beneficios. Habitualmente accederán parcialmente, ya que cuando te hacen la oferta, puedes estar seguro de que eres el candidato deseado. No está en absoluto mal visto, ni se considera mezquino, al contrario, el americano es muy transparente y práctico en el tema económico. Así que, aunque desees el trabajo por encima de todo, ten sangre fría y negocia unas buenas condiciones de entrada, ya que después será mucho más difícil mejorarlas. A veces, si bien no aumentan el salario anual, sí que acceden a un *sign off bonus*, es decir, un pequeño bono de entrada para que te decantes por ellos.

Es importante destacar que en EEUU no está reglado el contrato de trabajo, que se considera *at will*, es decir, a voluntad del empleador. Eso quiere decir que, en general, tú aceptas que te puedan despedir cuando quieran, por cualquier motivo, y en teoría, no tendrías derecho a reclamar o indemnización. En la práctica no es tan así, muchos Estados tienen excepciones en esa regla, y en todo caso, se puede acabar en juicio con el empleador por *wrongful termination / dismissal*, o alegando discriminación. El sistema americano se basa en general en mucha litigación, o al menos, acuerdos monetarios (*settlements*) para evitar acabar en el juzgado (*court*).

Existen dos grandes tipos de "acuerdos laborales", sigan o no la ley americana de protección de trabajadores o FLSA (*Fair Labour Standards Act*):

Non Exempt employees: este tipo de empleados no están exentos de cumplir la normativa FLSA (es decir, la tienen que cumplir). Esto implica que se rigen un salario mínimo horario, deben cobrar por cada hora trabajada (no cobrando las no trabajadas) y, además, su empleador deberá pagar las horas extras (*overtime*) a razón de 1,5 por cada hora que supere las 40 horas semanales. Por otro lado, cuentan con un descanso obligatorio no retribuido de media hora para comer al día.

Exempt employees: los empleados exentos cobran un salario base anual, independientemente de las horas que trabajen. Por tanto, si trabajan más de 40 horas semanales, no cobran *overtime* u horas extra, aunque, si trabajan menos de 40 horas a la semana, tampoco se descuentan de su paga. También están exentos de ciertas leyes de protección de trabajadores como el salario mínimo o derecho a descanso en la jornada laboral. Este tipo de contrato se aplica normalmente a puestos a nivel ejecutivo, consultoría, ventas o para puestos en los que se supervisa a otros empleados.

En cuanto a la forma de pagar, existen las siguientes formas.

Hourly: Se trata de una "*rate per hour*" o sueldo por hora. En este caso obligatoriamente se tienen que regir por las leyes FLSA, es decir, serían *non-exempt employees*. Al empleado se le paga por cada una de las horas que trabaja, que normalmente tendrá que reportar meticulosamente (*clock in, clock out*). Por ejemplo, si trabaja 8 horas y su sueldo es de 10 dólares la hora, cobraría 80 dólares brutos ese día. Además, si el trabajador llegase a trabajar más de 40 horas a la semana, es decir, *overtime*, cada hora extra se pagaría a 15 USD (10 USD x 1,5).

Salary: en este caso, se paga al trabajador un sueldo base anual. Pueden ser tanto *exempt* como *non-exempt*, dependiendo del tipo de puesto y condiciones. Normalmente los sueldos *salary* son más elevados que los *hourly*, y están pensados para trabajadores que tienen más implicación en la empresa, con puestos medios o altos.

Aparte de ello, hay otras modalidades menos habituales como *probonus* o *Independant Contractor*. En este caso, suelen ser trabajadores externos a la empresa (*freelance*). Se les suele pagar por proyecto o por hora. La relación laboral suele durar unos cuantos meses, mientras dura el proyecto concreto. En este caso, el trabajador no tendría derecho a disfrutar de los beneficios de la empresa, aunque, en muchas ocasiones, se le permite trabajar desde casa y suelen cobrar más que la media.

El sueldo normalmente se abona cada 15 días, o semanalmente. En cualquier caso, como se ha comentado, es normal negociar la cifra del sueldo, tanto se cobre por hora como anual.

Por último, entre que aceptas las condiciones y empiezas a trabajar, la empresa hará una verificación de la persona que eres y cómo te has comportado en los años precedentes. Es lo que se denomina *Background check*, si no lo pasas, es muy probable que te acaben rechazando. En este chequeo se mira, entre otras cosas, que tienes permiso para trabajar (obligatorio como se ha comentado); tu historial crediticio (o *credit history*, que se verá en otro capítulo más adelante); la veracidad de tu resume (llamando a las referencias de trabajos anteriores que hayas aportado, comprobando los títulos educativos, etc.); y también otros *public records* como multas, *minor crimes* o DUI (*Driving under influence* o conducir bajo los efectos del alcohol/drogas). Aunque tener un mal historial de crédito o algunas multas, en general, no te invalidarán para ningún trabajo (quizás sí en ciertos sectores, como el financiero), hechos como mentir en el resume o haber sido condenado por DUI, hará que te rechacen seguro. Son medidas que pueden parecer muy duras, pero que, de forma intrínseca, incentivan a la sociedad a comportarse cívicamente. Los *records*, en general, se guardan por siete años, así que, aunque difícil, hay posibilidad de redención. Se hablará más sobre esto en [Sin perdón (It's the policy)]

Conclusiones

- ✓ El *curriculum* o Resume tiene que estar adaptado a EEUU, sin datos personales ni fotografía.
- ✓ Tanto el resume como la *cover letter* deben estar adaptados al puesto que ofertas, usando las mismas palabras.
- ✓ Hay muchos sitios donde encontrar puestos como portales especializados, redes sociales o las páginas de empresa.
- ✓ Una buena opción pueden ser las agencias de colocación.
- ✓ Es importante tener referencias americanas de profesores, empleadores o incluso de conocidos y amigos.
- ✓ Las entrevistas suelen ser muy detalladas y con preguntas orientadas a las tareas del puesto y tu experiencia relacionada.
- ✓ Es importante negociar las condiciones, teniendo en cuenta los *benefits*, especialmente el seguro médico.
- ✓ Con el *background check* comprobarán la veracidad de lo que has afirmado, además de si tienes permiso para trabajar.

CAPITULO 8

Los Benefits

Como se ha comentado, los *benefits* son todas las cosas adicionales que te ofrece la empresa a parte de tu sueldo, dentro de tu paquete retributivo. Es importante conocerlos y negociarlos bien, no sólo por el tema económico, sino también para no llevarte sorpresas después.

Health insurance

Como se verá en el capítulo [Health (Without) Care], en EEUU no hay un sistema de salud pública. La sanidad es privada y muy cara. Por ello es importante tener un seguro médico que cubra los tratamientos.

Tras la reforma conocida como ObamaCare (*Patient Protection and Affordable Care Act*), que fue muy polémica pero que ha sido revocada con la nueva Administración, se obligó a todas las empresas en EEUU a ofrecer seguro médico a los trabajadores. Además, se eliminaron las *prexisting conditions*, en las que los seguros médicos pueden rechazarte si eres un paciente de riesgo, por ejemplo, por haber tenido una operación en el pasado o haber sufrido una enfermedad grave.

Que la empresa ofrezca un seguro no quiere decir que está obligada a pagarlo al 100%, aunque lo normal es que proporcione más de la mitad del coste mensual, sufragando el empleado el resto. No obstante, contratando el seguro a través de la empresa, se conseguirán probablemente mejores condiciones que individualmente, por el mayor poder negociador como grupo. Los costes del seguro médico rondan entre los 600 y los 4000USD al mes en total (a pagar entre empresa y empleado), dependiendo de las coberturas, edad y si se añaden dependientes. Por ello esto se considera un beneficio adicional a tu sueldo que la empresa te ofrece.

Además, el coste del seguro depende de la modalidad que se elija, HMO o PPO. Básicamente hace referencia a si el seguro cubre o no cualquier centro médico o hay que ir a algunos concertados. Las modalidades de seguros y las coberturas son algo bastante complejo, se tratará de explicará más adelante en el capítulo dedicado a ello.

Como probablemente todo esto sea nuevo para ti, no tendrás mucha idea para negociarlo. Te basta por ahora con saber que la empresa probablemente te ofrecerá un seguro (obligatorio cuando aplicaba ObamaCare) y qué parte pagará ella, lo que afecta al paquete retributivo total.

Plan de Pensiones: 401K

Al igual que con la sanidad, el sistema público de pensiones es muy reducido. La mayoría de la población ahorra en sistemas privados, de capitalización, y a diferencia de la sanidad, funciona razonablemente bien.

Una parte del *Social Security tax* que te deducen de tu *payroll* incluye ciertos pagos de jubilación. El sistema está muy sesgado hacia los trabajadores peor pagados e incapacitados, de forma que en la jubilación puedan escapar a la pobreza.

La empresa puede ofrecerte como *benefit* aportaciones (libres de impuestos) a tu plan de pensiones privado, sistema que se denomina 401(k), en referencia a la sección de la normativa impositiva que lo permite. Las aportaciones suelen corresponder a porcentajes que te retienen de tu sueldo bruto. La empresa suele igualar la cifra que tu dediques (lo que se llama *matching*) hasta un 6% máximo. Esto sería algo adicional a tu sueldo bruto. Algunas empresas ligan esa aportación a que permanezcas en la empresa cierto tiempo mínimo, o imponen otras condiciones.

El 401K es realmente un fondo de inversión personal con ciertas ventajas fiscales destinadas a promover el ahorro para la jubilación. El dinero acumulado en él se puede mover entre fondos, aunque te cambies de empresa.

Cuando te apuntas al 401K, como cualquier fondo de inversión, puedes elegir lo "agresivo" que quieres que se inviertan tus ahorros para conseguir mayor rentabilidad a costa de mayor riesgo. Los fondos normalmente son un mix que invierten tanto en renta variable como renta fija. El porcentaje, el gestor, etc., lo decides tú. Normalmente, se recomienda ser más agresivo e invertir más en renta variable cuando eres joven, ya que puedes amortiguar más los ciclos económicos y obtener mejores rentabilidades en el largo plazo. Las rentabilidades típicas que se consiguen varían, pero rondan entre el 3% y el 10% o más, dependiendo del año.

Esta forma hace que las pensiones sean una bolsa individual, y a diferencia de los sistemas de reparto, independizan el sistema de la pirámide poblacional, garantizando su estabilidad. Además, libera cantidades ingentes de dinero que se vuelven a invertir en el país y sus empresas, más que compensar el gasto actual de los trabajadores jubilados. La rentabilidad de los ahorros para el individuo es por tanto mucho mayor que los sistemas de reparto, donde, con suerte, apenas se consigue superar la inflación. Y aunque se consiga sólo un pequeño porcentaje mayor que la inflación cada año, hace una gran diferencia en el largo plazo, por las leyes del interés compuesto.

Este sistema ha creado grandes gestores de fondos privados, como Capital Group, Fidelity, Vanguard, etc. La gran cantidad de recursos disponibles para invertir, y que además han de ser invertidos, es una de las claves del poderío económico estadounidense. Las empresas tienen y encuentran financiación, que están, en general, bien supervisadas por los propios accionistas y gestores.

La desventaja de ese sistema radica en su propio individualismo. La cantidad que dispones para la jubilación es sólo la que has conseguido ahorrar, mientras que los gastos dependen de los años que vivas y cómo, una vez jubilado. Ello hace que muchos ancianos lleguen a vivir en condiciones paupérrimas, o que se vean obligados a hacer *downsizing* (vender su casa en una zona cara y mudarse a otra de menor tamaño y en otro Estado más barato). Quizás por ello la esperanza de vida de EEUU es también baja comparada con otros países desarrollados (79 años). No es país para viejos.

Los sistemas de reparto son más solidarios, ya que garantizan una pensión por vida, pero funcionan siempre que la población activa vaya aumentando con los años, y sea mayor que la pasiva. Los problemas vienen cuando la pirámide poblacional se invierte, como está ocurriendo en muchos países occidentales.

Vacations

En EEUU, no es obligatorio por ley dar vacaciones (remuneradas) a los empleados, por lo que la empresa puede perfectamente no conceder ningún día de asueto. Las vacaciones pagadas se consideran otro *benefit*, y no un derecho, como en la mayoría de los países desarrollados. Sin embargo, es cierto que la mayoría de empresas conceden al menos 10 días laborables de vacaciones al año. Los días de vacaciones son negociables, y es algo que recomendamos tener bastante en cuenta, ya que, si eres de fuera, por la distancia y diferencia horaria, necesitarás varios días para visitar tú hogar. La morriña es dolorosa, echarás de menos tus costumbres.

Similar a las vacaciones, los días de enfermedad pagados (*sick time*) también se consideran un *benefit*. Realmente, el *sick time* se usa bien por enfermedad o simplemente porque no te encuentras muy bien (aunque sea por un *hangover* o resaca), también para ir al médico o cuidar a algún familiar. Incluso, muchas veces, como vacaciones o para extender un fin de semana. La mayoría de empresas dan 10 días laborales al año como *sick time*, y tienen diversas políticas para acumular o perder los días no usados. En general, el *sick time* no hay que justificarlo con ningún parte médico.

No obstante, si se trata de una baja real por enfermedad grave propia o de un familiar, la ley protege al empleado por faltar al trabajo, siempre y cuando esté justificado por un médico. Esto se explicará más adelante, en el apartado de FMLA.

Algunas empresas ya fusionan directamente los días de *vacations* y *sick time*, y otras, las más avanzadas, incluso conceden días ilimitados de vacaciones, siendo el trabajador el que decide su tiempo, ligado a buenas políticas de incentivos. Muchas descubren que los trabajadores son más productivos concediéndoles libertad, que en muchas ocasiones no usan días por su propia avaricia.

Por otro lado, es posible y también algo negociable, no acudir al trabajo a costa de no cobrar esos días (*unpaid absence*). Es algo más común en los trabajadores *hourly*.

Ten en cuenta que, en EEUU en general, no está muy bien visto por los jefes e incluso compañeros, que tomes muchos días de vacaciones seguidos. No se ve bien que tus responsabilidades las tenga que asumir otra persona, una vez más, por su carácter individualista.

Otros

Además de los anteriores, que son lo más importantes, te pueden ofrecer otros *benefits* como seguro dental, seguro frente a problemas oftalmológicos (*vision*) o seguro de consultoría legal. También pueden ofrecer ayudas para estudios o tarifas descontadas en gimnasios o centros deportivos.

La plétora de *benefits* es abundante, y no es extraño que se hagan pequeñas ferias en las oficinas promocionando todo tipo de servicios, organizadas por el departamento de RRHH y el bróker de *benefits*.

Aparte de estos, hay otra serie de ventajas que normalmente se engloban dentro de los *benefits* pero que, dependiendo del Estado, pueden ser derechos recogidos por ley:

Workers compensation: está orientado a la prevención de riesgos laborales, y es un seguro para compensar haber tenido una enfermedad directamente relacionada con el trabajo o un accidente laboral. En este caso, la empresa suele ofrecer el pago de los costes médicos, y, en ocasiones, parte del sueldo durante el tiempo en el que el empleado está de baja. Además, la empresa puede adaptar las funciones del empleado o el lugar del trabajo a la lesión que sufra el empleado. Es obligatorio en muchos Estados.

Leave of absence: Engloba todo tipo de faltas al trabajo aparte de las vacaciones o los *sick days*. A continuación, se describen las más comunes:

- **Jury duty**: Se refiere a los días que tiene que conceder la empresa por ley al trabajador para ir como jurado popular a juicios. Sin embargo, para ser llamado como jurado, tienes que ser ciudadano americano. En este caso, el juzgado paga una cierta cantidad y el empleador puede también mantener el salario, aunque no está obligado.

- **Bereavement**: se trata de días libres por el fallecimiento de familiares cercanos (padre, madre, hermanos…). La mayoría de empresas conceden entre 3 y 5 días.

- **Maternity leave/paternity leave**: La Ley Federal FMLA (*Family Leave* Act) permite la baja por maternidad/paternidad o cuidado de un familiar que se encuentre enfermo. Esta ley para todo el país únicamente garantiza el puesto durante la baja (no te pueden despedir), pero no garantiza que se cobren esos días. El tiempo de disfrute es de 12 semanas. Muchos Estados, como California, disponen además del llamado *Paid Family Leave*, siendo el Gobierno de California quien compensa con hasta un 55% de los ingresos durante la baja, además de ampliar los días de maternidad, bajo la ley CFRA (*California Family Rights Act*).

Es importante destacar que este derecho es obligatorio sólo en empresas que tengan 50 trabajadores o más, en un radio de 75 millas o menos. En empresas más pequeñas, no es obligatorio, por lo que no se garantiza ni empleo ni sueldo.

- **Disability o Baja laboral por enfermedad:** Ocurre cuando el empleado tiene alguna enfermedad (física o psiquiátrica) que le impide realizar sus tareas comunes. El empleador analizará si puede hacer ciertas acomodaciones para reinsertarle en el trabajo o, en caso contrario, recibiría la *total disability*, por el tiempo que sea necesario. En este caso, el Gobierno Federal no pagaría nada al trabajador. Algunos Estados, no obstante, tienen leyes específicas para compensar las bajas por *disability* con ciertos pagos. Muchas empresas, además, suelen tener seguros privados (*short and long term disability*) para estos casos.
- **Administrative leave**: Ocurre si por causas ajenas a la empresa, como, por ejemplo, problemas o retrasos en la renovación del visado o permiso de trabajo, no puedes acudir al trabajo. En ese caso la empresa puede ponerte en baja administrativa, manteniendo tu puesto, aunque sean días no remunerados.

Unemployment o desempleo: Es una compensación por haber perdido el empleo. Lo paga el Gobierno Federal formando parte del *Social Security* (suele salir en el *payroll* como *unemployment insurance*). Los requisitos son: haber cotizado durante al menos los últimos 18 meses y estar *able and available to work*. Esto último quiere decir que puedas trabajar físicamente y que tengas permiso de empleo. Personas con *Green Card* u otro tipo de visado, pueden, por tanto, tener derecho a este tipo de compensación. Se ofrece un máximo de 450 dólares semanales. Algunas empresas también ofrecen seguros privados adicionales.

Conclusiones

- ✓ Los *Benefits* forman parte de tu sueldo.
- ✓ El más importante a negociar es el seguro médico.
- ✓ Se suele ofrecer un plan de pensiones privado llamado 401K.
- ✓ Las vacaciones se pueden negociar.
- ✓ Se suelen ofrecer días de enfermedad o *sick days* sin justificar.
- ✓ El Gobierno puede compensar bajas y desempleo en algunos casos.

CAPITULO 9

Conserva tu trabajo

En un país donde el despido es fácil, mantener tu trabajo en EEUU implica demostrar que lo vales, que eres trabajador y llegas a los objetivos marcados por la empresa. Además, deberás adaptarte a la cultura de trabajo americana, diferente probablemente a la de tu país.

En este sentido, en tu primer día de trabajo, te harán firmar una gran cantidad de documentos, alrededor de 100 páginas, pero tranquilo, ¡no tendrás que firmarlas todas! Estos documentos son las llamadas *policies* que pertenecen al *employee handbook*. Aquí se explican todas las normas y procedimientos dentro de la empresa. Lo que pretenden es dejar constancia de que te han explicado los beneficios, derechos y deberes que tienes. Sobre todo, para que conozcas y sigas los procedimientos si quieres realizar cualquier acción relacionada con RRHH (como pedir vacaciones, bajas, etc.) y cómo te debes comportar en el puesto de trabajo. Puesto que las *policies* suelen estar muy bien explicadas y detalladas, no te debería quedar duda de cómo proceder. Es importante que las sigas minuciosamente, ya que su incumplimiento llevará a *"disciplinary action up to and including termination"*, es decir, parte disciplinario que puede incluir el despido.

Esto también lo hacen para que no haya dudas de si a un compañero se le está dando más ventajas que a otro. Por ejemplo, en el *employee handbook* se suele explicar que los días de enfermedad o *sick days* son 10 al año, y esto se aplicará a todos los empleados sin excepción. El único beneficio que puede cambiar son las vacaciones, que pueden variar por cargo y tipo de empresa.

Si te saltas alguna norma o no procedes adecuadamente con los procesos de RRHH, pueden advertirte con el llamado *warning*, que irá a tu *employee file*. Los *warnings*, son avisos para mejorar tu conducta. Normalmente, tendrás, primero un *verbal warning*, tras este, si no hay mejora, un *written warning* y finalmente, un *final warning*, tras el cual, viene el despido. En estos *warnings* te explicarán qué aspectos debes mejorar para continuar con tu empleo. Esto lo hacen para protegerse de posibles demandas posteriores por *wrongful termination*. Ya que como se ha comentado, es un país de gran litigación, estos avisos les sirven para demostrar que el despido ha sido apropiado. Normalmente te harán firmarlos, aunque puedes negarte y simplemente poner tus iniciales si no estás conforme. En el *final warning*, además de estar presente tu mánager, habrá una tercera persona (*witness*) para verificar que el aviso es correcto y que las razones del mismo son objetivas. Nuevamente protegiéndose de una posible futura demanda judicial. En estas demandas laborales, que como todo tienen sus *attorneys* especializados, suelen abusar del concepto de "discriminación", para justificar otros problemas, ya que la subjetividad del concepto suele beneficiar al demandante.

Otra parte muy importante del empleo, es entender la nómina americana, que se llama *payroll*. A gran parte de los trabajadores se les paga por hora, y si trabajan horas extras, se les deberán pagar también, con un ratio más alto. Por tanto, si un trabajador se queda más tiempo trabajando, tiene costes para la empresa, por lo que está bastante controlado con sistemas de *clock-in clock out*. Normalmente, el manager debe aprobar cualquier tiempo extra que dedique el empleado, aunque sea media hora. Si un empleado se queda más tiempo que el resto de su equipo, el mánager pensará que no es capaz de sacar su trabajo adelante en el tiempo que los otros sí pueden, por lo que no es productivo. Por tanto, es muy importante intentar terminar las tareas a tiempo, y si te vas a quedar, aunque sea 15 minutos más, deberás preguntarle antes a tu mánager si le parece bien.

Respecto a los descansos en el trabajo, si eres *non exempt employee*, ver [*Closing*: Negociando condiciones], deberás cumplirlos a las horas marcadas y no saltarte ninguno. Esto se debe de nuevo a su legislación. La ley dice que, si trabajas más de 5 horas, se debe ofrecer al empleado 30 minutos de descanso (no pagado) para comer. Además, cada 3 horas y media, se deben dar descansos de 10 minutos. Nuevamente, para defenderse de posibles demandas, el mánager estará muy pendiente de que cumplas los descansos, pues si no, podrá ser penalizado.

Se suele cobrar cada dos semanas. Las pagas (por cheque o *direct deposit* - domiciliación) vendrán acompañadas de un recibo (*payroll*) donde se especifica el salario bruto, *bonus*, y las retenciones practicadas (*withholdings*). Verás que te retienen parte del salario por varios conceptos, que normalmente son:

- Federal Income Tax
- State Income Tax (en algunos estados no)
- Social Security Taxes
- Medicare and Medicaid
- Otros seguros estatales
- Pagos de tus Benefits, como el seguro médico.

Para determinar la retención correcta en el impuesto de la renta respecto a tu situación personal, te pedirán que rellenes el formulario W-4. Se verá más sobre los impuestos en el capítulo [File your Taxes].

Otro elemento importante de la cultura americana es la tolerancia mínima al error dentro del ámbito de trabajo. Los americanos se toman su tiempo para realizar cualquier acción en el trabajo, incluso, escribir un email. De hecho, no esperan tanto que trabajes rápido, si no, que lo hagas bien. Por tanto, es normal, que tu jefe e incluso tus compañeros, puntualicen tus errores, incluso los ortográficos. Hasta un error mínimo puede generar a un gran caos, ya que los clientes lo podrán usar para su beneficio, pensando siempre en un posible litigio. Por tanto, revisa cada cosa que hagas y tómate tu tiempo para hacer tus tareas de forma casi perfecta.

En este sentido, es interesante ver como se excusan con una frase que oirás mucho en EEUU *"this is not in my job description"* o *"that is above my pay scale"*. Básicamente, se están protegiendo antes posibles errores que no estén relacionados con sus funciones. Aquí está más relacionado con el concepto de *liability*, es decir, de la responsabilidad (civil y penal) que pueden tener sus acciones. Como se ha comentado, acabar litigando es frecuente, aunque la mayoría de los pleitos acaban en acuerdos económicos o *settlements*. Muchos aprovechan esto para ganar dinero abusando de la ley.

Un aspecto que llama la atención de forma positiva en el ámbito de trabajo americano, es la jerarquía plana en las empresas. La mayoría de los jefes se mostrarán muy cercanos y practicarán la llamada *open door policy* que significa que, si tienes cualquier duda, problema o idea para el departamento, te recibirán en su despacho para hablar abiertamente de ello. De hecho, esperan que su equipo (*the team*) sea cercano con ellos, pues son su base de apoyo para que el trabajo salga adelante. Por tanto, no tengas miedo a mostrarle tus dudas o sugerencias a tu jefe, normalmente, lo tomarán como algo positivo y los tendrán en cuenta.

Finalmente, respecto a las relaciones con el resto de compañeros, notarás que están muy centrados en su trabajo y prácticamente no querrán hablar mientras estén en su puesto. Aparte de ser un poco superficiales en las relaciones personales, al cobrar por hora muchos de ellos, sienten que deben rendir en el trabajo en cada minuto de su jornada laboral. Por tanto, sé cordial y pregúntales cómo están, pero entiende que no alargarán mucho la conversación.

> **"Mirar fijamente puede considerarse *sexual harassment.*"**

Respecto a los temas de conversación con compañeros de trabajo, es recomendable ser algo prudente, hablando de temas banales, ya que puede haber cosas normales en tu cultura que en USA sean ofensivas, por el tema de la discriminación o acoso sexual. Hasta que no estés más dentro de su cultura, es mejor evitar cualquier comentario sobre razas, política o religión. Evita los chistes sobre ello e intenta ser comedido. Mantén una mayor distancia personal y evita el contacto físico. Aunque parezca exagerado, mirar a una persona del otro sexo por largo tiempo puede ser considerado como *sexual harassment* (o acoso sexual) y puede acabar en un *warning* o aun peor, en un juicio.

Si cumples bien con las tareas para las que te han contratado, sigues las normas de forma minuciosa y te adaptas a la cultura de trabajo exigente de EEUU, no tendrás problemas en conservar tu trabajo. No obstante, aunque los despidos no son frecuentes, ten en cuenta que el contrato es *at will*, por lo que no es tan difícil que te puedan despedir, aunque sea por políticas o estrategia de la empresa. Te darán una caja de cartón y te escoltarán a la puerta, de la forma más fría y desconfiada posible. Si eso ocurre y has estado trabajando y pagando Social Security por cierto tiempo, puedes tener derecho a desempleo (*unemployment wage*) por unos meses. Tienes derecho a desempleo siempre y cuando además tengas permiso para buscar y trabajar en el país. Si tu visado está ligado a una empresa como puede ser el L, H o el E, es posible que no recibas nada y además tengas que abandonar EEUU en breve.

Por ello, una estrategia defensiva para evitar sorpresas es estar continuamente activo y, si puedes, buscando nuevas posiciones. Además, es muy probable que encuentres algo mejor pagado, gracias al bajo desempleo del país. Y sino, también podrás mejorar tus condiciones actuales con alguna contraoferta para evitar que te marches. El *turnover* en EEUU es muy alto, la media es pasar tres años en cada empresa. Las subidas anuales de sueldo pueden ser importantes dependiendo del sector, pero ten en cuenta que tenderán al coste de sustituirte. Para las personas con visados ligados a la empresa, de alguna forma se aprovechan de ello, ya que difícilmente puedes cambiarte. Con el visado H es posible; aunque conlleva bastante burocracia, ya que requiere una nueva *sponsorización*, esta vez sin cuotas. El OPT es el mejor momento, por la libertad que da, para saltar entre puestos.

Las revisiones salariales suelen hacerse de forma bastante objetiva y metódica, sobre todo en empresas grandes, siendo el resultado de un proceso llamado *performance appraisal*. En él, tus managers evaluarán tu rendimiento, y te trasmitirán el feedback de forma constructiva, normalmente una vez al año.

Conclusiones

- ✓ Cumple con las *policies* a la perfección
- ✓ Sé cercano con tu mánager, pregúntale y aconséjale, lo agradecerá.
- ✓ Revisa tu trabajo antes de enviarlo, pues es mejor que esté correcto a hacerlo rápido.
- ✓ Sé cordial con los compañeros y ofrécete ayudarles siempre sin salir de tu *job description*.
- ✓ Evita hablar de temas o hacer bromas con contenido racial, cultural o sexual.
- ✓ Puedes tener derecho a desempleo si te despiden.
- ✓ Mantente activo y buscando nuevas oportunidades, cambiar de trabajo puede mejorar tu salario. Es frecuente en EEUU.

CAPITULO 10

File your Taxes

Si tienes alguna actividad en el país, aparte de estar exclusivamente de turista, es muy probable que tengas que hacer la declaración de la renta americana o *income tax return*, incluso aunque no hayas tenido ningún ingreso. Por ejemplo, los estudiantes, con visado F o J, tienen la obligación de presentar ciertos formularios ante la hacienda americana todos los años, independientemente de que hayan realizado algún trabajo, algo que muchas veces las universidades no advierten.

La legislación fiscal es compleja y muy extensa por lo que este capítulo no pretende cubrir todas las situaciones personales y laborales de cada uno, sino dar una orientación general que se podrá aplicar en la mayor parte de los casos.

En general tienes la "obligación" de presentar la declaración si recibes ingresos americanos (bien sean de trabajo, de capital o por algún tipo de negocio), aunque hay ciertos mínimos que pueden excluirte. No obstante, aunque no tengas la obligación, puede que te interese presentarla para que te devuelvan alguna retención (*withholding*) excesiva o crédito fiscal (*tax credit*). Además, si tu objetivo es conseguir quedarte a largo

"Aunque no hayas trabajado, puede que tengas que presentar la declaración de la renta.

plazo, estar al corriente de las obligaciones fiscales es algo básico para poder optar a la *Green Card*. Y la mejor forma de justificarlo es con el resguardo y los formularios de la renta pasados.

La declaración de la renta hay que presentarla (*file the income tax return*) normalmente antes del 15 de abril, por lo que alrededor de marzo verás un montón de anuncios en la tele y por las calles, de "preparadores de impuestos" que te prometerán sacarle todo el jugo a las leyes para minimizar tu carga fiscal. Recurrir a ellos es la solución más rápida y sencilla, ya que en muchos casos sólo te cobran por sus servicios si consiguen que la declaración salga a tu favor (te devuelven dinero). Una franquicia muy famosa es H&R Block. Si te quieres complicar un poco más, puedes optar por hacerla tú mismo, con o sin ayuda de ciertos softwares gratuitos (Freefile) o de pago (el más conocido es TurboTax). Si tu declaración es complicada o se trata de un pequeño negocio, entonces lo más recomendable es buscar un *Enrolled Agent* o un

CPA (*Certified Public Accountant*), que son profesionales expertos en fiscalidad.

No obstante, en ciertos casos, especialmente estudiantes con sus primeros trabajos o dependientes de ciertos visados autorizados a trabajar (A, o G), no se puede usar ni los preparadores ni los softwares, puesto que no tienen ni idea o no están adaptados a la declaración para *non-resident aliens* (que se verá a continuación). En ese caso, no queda más remedio que obtener los formularios directamente y completarlos a mano.

Si ese es tu caso, no te preocupes, más adelante vamos a comentar los trucos y te vamos a guiar para que te libres de este quebradero de cabeza. Y si tu declaración es normal, lo mejor es que recurras a algún preparador que te de confianza. El tiempo y el follón de completar los formularios bien valen lo que cobran.

Porque, además, en Estados Unidos, no tienes que hacer una declaración, sino dos, la del Gobierno Federal y de la del Estado. La hacienda americana federal se llama IRS (*Internal Revenue Service*), mientras que las estatales pueden tener varios nombres como *Department of Revenue*, *Tax Commissions* o *Franchise Tax Board*. De igual forma, se pagan impuestos de la renta, de la seguridad social, etc., tanto federales como estatales.

No obstante, hay siete Estados donde los residentes no pagan impuesto de la renta estatal (el federal siempre), por lo que no es necesario presentar declaración estatal en ellos. Son Alaska, Florida, Nevada, South Dakota, Texas, Washington y Wyoming, además de New Hampshire y Tennessee, que sólo gravan intereses y dividendos.

En todo caso, no hay que tenerle miedo al IRS ni a la declaración de la renta. Al fin y al cabo, la declaración sólo es un ajuste entre los impuestos que tienes que pagar por tu nivel de ingresos menos las deducciones que te corresponden, y lo que ya has ido pagando en las retenciones (*withholdings*). Y te puedes llevar la grata sorpresa de que hayas pagado más de la cuenta y te salga a devolver, llevándote un buen pellizco.

Cuando empieces a trabajar, te pedirán que rellenes el formulario W-4, con el que estimarán cuáles serán las retenciones que tendrán que aplicar en tu nómina (*payroll*). En teoría, si no tienes más ingresos, ni deducciones, ni *tax credits*, y estás trabajando todo el año con ese sueldo, la declaración debería salir cero. Si cambia algunos de esos aspectos, entonces es cuando tienes que compensarlo pagando o que ellos te devuelvan. [Aprende más sobre tu nómina en el capítulo anterior].

En la época de impuestos, cada empleador para el que hayas trabajado te debe enviar un documento llamado W-2, y si no lo hace, debes pedírselo. El W-2 es un resumen de lo que has ganado con ese empleador y los impuestos que te ha retenido, y es necesario para completar la declaración. El documento viene separado en varias tarjetas, para que se recorten y se adjunten cuando se envían los formularios.

Entender los W2 es muy fácil. La casilla 1 del W2 es la suma de todos los pagos brutos de ese empleador mientras que la casilla 2 del W2 es la retención (*withheld*) practicada para el impuesto federal. Las casillas 4 y 6 son las retenciones anuales del *Social Security* y de *Medicare*, respectivamente. Estos, en general, no se devuelven salvo ciertos casos. Las casillas 16 y 17 son los pagos brutos y retenciones del impuesto estatal donde reside la empresa.

Para hacer la declaración hace falta el *Social Security Number* o, en su defecto, el ITIN, que puedes pedir a la vez que la haces por primera vez, usando el Form W7. Más información sobre cómo conseguirlo en el capítulo [El Social *Security Number*].

Resident o Non-Resident Aliens

La primera cuestión para completar tu declaración es saber si eres o no residente, entendiéndolo "residente a efectos fiscales". Dependiendo de ello habrá que rellenar unos formularios u otros, y el porcentaje de gravamen también es distinto.

Es una cuestión peliaguda, y que genera muchas dudas, porque está relacionada con ser o no *immigrant* o *non-immigrant*. [Ver el capítulo "Permiso para estar: VISAS"]. Se puede ser perfectamente no ciudadano o no "residente permanente", pero sí ser residente a efectos fiscales. Esto suele encabronar bastante, ya que para pagar impuestos sí que es fácil ser "residente", pero para tener derecho a estar libremente no es nada fácil ser "residente".

Al final es un problema de terminología. Recordemos que un *lawful permanent resident* son sólo aquellos que tienen una *immigrant visa*, conocida comúnmente como *Green Card*, o los que son ciudadanos.

Si eres residente para la declaración federal tendrás que completar el formulario 1040, y si no lo eres el 1040NR (*Non-Resident*). Además de cada uno hay dos tipos, el normal y el simplificado 1040EZ y 1040NR-EZ. (EZ porque al pronunciarlo suena como *"easy"*). El simplificado es mucho más sencillo y se puede usar en los casos más habituales (ingresos no muy altos, sin dependientes, deducciones típicas, etc.).

Igual ocurre en las declaraciones estatales. Por ejemplo, en California, los formularios se llaman 540 y 540NR, con sus versiones simplificadas: 540Long y 540Short.

Para saber si eres residente o no a efectos fiscales, lo mejor es consultar la publicación 519 del IRS. Básicamente, eres residente si:

- Has tenido *Green Card* en algún momento del año fiscal (el anterior en que haces la declaración) o eres ciudadano.
- Has estado presente en el país al menos 31 días durante el año fiscal, y más de 183 sumando todos los que has estado en los tres años anteriores. (con ciertas ponderaciones)

- Pero cuidado, en el cálculo de días anterior, no cuentan los días que hayas estado con VISA diplomática (A, G) o de estudiante (F, J, Q, M).

Es decir, por ejemplo, si eres un estudiante que ha estado con visa F trabajando 300 días con OPT, lo más probable es que tengas que hacer la declaración como *non-resident*, porque con la visa F no cuentan esos días para ser residente fiscal. Es importante tener cuidado los años que se cambia de visa, por ejemplo, de F a H, etc. Los casos y excepciones son más abundantes de lo aquí descrito, por lo que se recomienda leer la publicación 519. Por ejemplo, aunque seas *non-resident*, se te puede tratar como *resident* si estás casado con alguien que lo sea y haces la declaración conjunta.

De manera similar se aplica a si eres o no residente de un Estado, con la particularidad de que los estados no suelen considerar el tema del tipo de Visa, sino solamente los días que has permanecido en el Estado y te "sientes residente" de él.

Los trucos del income tax return para estudiantes

Como se ha comentado, si eres estudiante en el país, probablemente tendrás que presentar la declaración o ciertos formularios, aunque no hayas trabajado.

Y puede resultar muy conveniente que lo hagas porque es muy posible que te devuelvan ciertas retenciones, además de los pagos realizados a la *Social Security* y *Medicare /Medicaid*, que te retendrán pero que no tienes derecho a disfrutar.

En general, completar los formularios no es complicado, pero la primera vez parece muy confuso y lleva tiempo entenderlo. Cada formulario tiene unas completas instrucciones que hay que seguir escrupulosamente para completarlo correctamente. A continuación, se van a comentar ciertas claves para hacer este trámite:

- Rellenar el Form 8843. Este hay que completarlo aunque no se haya tenido ningún ingreso, para informar de la presencia en EEUU. Si durante el año anterior se ha recibido algún tipo de ingreso, como salarios, becas (*scholarship* o *fellowship*) o intereses bancarios (por encima de 10$) hay que rellenar además los otros formularios (1040NR, etc.).

- Saber si se es *resident* o *non-resident* a efectos fiscales. En general un estudiante se considera *non-resident* salvo que lleve más de 5 años y su intención sea permanecer en el país. Con ello determinaras el formulario que tienes que rellenar (1040, 1040NR, 1040NR-EZ, etc.)

- Disponer de los formularios W-2 que nos habrán enviado todos los empleadores que hayamos tenido y los 1099 de los intereses o dividendos bancarios (sólo si son mayores de 10$).

- Tener en cuenta si hay exención por tratado de doble imposición entre los dos países (*tax-treaty*). La forma de reflejarlo es descontar dicha cantidad en la casilla 3 del 1040NR-EZ y reflejarlo en la 6. En España, para estudiantes, es de 5.000USD.

- *Itemized deductions* (casilla 11 del 1040NR-EZ). Es la suma de las retenciones estatales y locales practicadas, es decir, la suma de las casillas 17 y 19 de todos los W2 y 1099. Además, hay que sumar si aparece algún otro impuesto estatal (casillas 14 del W-2), como en California el CASDI (*California State Disability Insurance*)

- *Exemption* (casilla 13 del 1040NR-EZ). Es la exención personal, cada año cambia y depende de si existen dependientes (hijos) o se hace la declaración conjunta.

- *Tax* (casilla 15 del 1040NR-EZ). Se obtiene de las tablas que aparecen en el manual, esa es la cantidad total de impuestos federales que hay que pagar. Si la retención (*withheld*) practicada ha sido mayor, la declaración saldrá a devolver; y a pagar en caso contrario.

Una vez completado, se envían por correo postal los formularios 1040(NR o NR-EZ), el 8843, W2 y 1099, y es recomendable, pero no obligatorio, adjuntar además una copia del pasaporte y de la visa.

Además del federal, como se ha comentado, hay que hacer la declaración del Estado, en todos aquellos donde se haya recibido ingreso. Es recomendable hacerlo después de la parte federal, porque nos preguntarán por ciertas casillas y resultados de ella. En el caso de California, por ejemplo, algunas claves:

- En general, ser residente o no de un Estado no está relacionado en absoluto con la visa y puede dar lugar a interpretaciones. Según el California Franchise Tax Board, *you are considered a resident of California if you are present in California other than for a temporary or transitory purpose, or if you are domiciled in California but you are outside California for a temporary or transitory purpose*. Por lo tanto, un estudiante puede considerarse *non-resident* ya que su presencia es temporal al estar asociada al período de estudios, aunque haya estado viviendo todo el año en California.
- En el caso non-*resident*, habrá que rellenar los formularios 540NR Long o Short. El segundo es la versión simplificada.

Al igual que los federales, para rellenar el formulario hay que seguir las completas instrucciones que se proporcionan.

- Las retenciones (*withholdings*) estatales se contemplan en las casillas 17 de los W-2.
- En California hay deducción por alquilar casa. Hay que reflejarlo en la casilla 61 de los formularios 540.
- Una vez completados, se adjunta también una copia de los W-2 y puede que una copia de la propia declaración federal (en 540 Long).

Por otro lado, un *non-resident* puede no estar obligado a pagar la Social Security y el Medicare (casillas 4 y 6 de los W-2), si hay realizado ciertos trabajos como prácticas (OPT), ya que, en teoría, no tienen derecho a disfrutar esos programas. Los empleadores, por defecto lo retendrán, y es una cuantía no despreciable. Para su devolución, en primer lugar, hay que pedir a cada empleador que te lo devuelva, pero, si no puede por cualquier motivo, hay que completar el Form 843. Se recomienda hacerlo 6 semanas después de enviar la declaración federal, para evitar retrasos en la devolución. Además de ello habrá que adjuntar, al menos:

- Copia de los W-2
- Formularios 8316, uno por cada empleador. Este formulario indica que se ha pedido la devolución al empleador, pero no se ha conseguido.

- Copia de la declaración federal 1040NR-EZ o 1040NR.
- Copia del I-94 en vigor si todavía se está en los Estados Unidos
- Copia de la visa
- Copia del I-20 o para los J-1 del DS2019
- Copia de la tarjeta de empleo *Employment Authorization Document* (EAD card), CPT I-20 o DS-2019.

Conclusiones

✓ Hacer la declaración de la renta puede ser obligatorio en muchos casos, aunque no se haya trabajado.
✓ Hay dos declaraciones, la federal y la estatal.
✓ Es muy posible que salga a devolver porque te hayan practicado retenciones excesivas o haya alguna deducción.
✓ El tratamiento fiscal es distinto seas *resident* o *non-resident*.
✓ La fecha para presentar los impuestos suele ser el 15 de abril.

CAPITULO 11

Emprendimiento: your own way

Si hay un rasgo que hace a Estados Unidos famoso es que se considera un país de emprendedores. Ello ha sido fruto de su joven creación como sociedad, apenas hace 200 años, y de su particular devenir histórico.

Aunque el carácter capitalista y *pro-business* quizás sea herencia de sus orígenes anglosajones y británicos, la parte emprendedora se hizo más presente con la colonización del oeste del país, desde las trece colonias originales de la costa Este.

Esta "expansión" hacia el oeste la realizaron miles de inmigrantes provenientes de Europa y Asia en su mayoría, que huían de la pobreza. No hay mejor aliciente para arriesgarse y emprender que no tener nada que perder. Estos pioneros se encontraron un territorio enorme, casi virgen y con multitud de recursos. Ello, sumado al respeto por la propiedad privada, un mercado inmenso y la avaricia capitalista, resultó en una economía muy potente, donde se mitifican las historias de parias que se convierten en millonarios.

Aparecieron grandes propietarios ganaderos y agrícolas, así como empresarios que proveían infraestructuras como comunicaciones (diligencias), ferrocarril, alojamientos (*boomtowns*), etc. Por economías de escala, pronto muchos se convirtieron en grandes emporios, en algunos casos, casi monopolísticos. No olvidemos que otro de los acicates para emprender el viaje al salvaje oeste fue la fiebre del oro, que representaba la ingenua idea de que cualquiera, independientemente de su origen y capacidades, podría conseguir inmensas riquezas.

Todo ese carácter aventurero y oportunista continúa impregnado en la sociedad hasta nuestros días. ¿Qué es sino Microsoft, Apple o Facebook? Emprendedores que han encontrado una gran pepita de oro, aunque esta sea, más bien, de silicio.

El impulso emprendedor se sigue manteniendo por las mismas razones que hace 150 años. Uno de los pilares de la sociedad americana es que todos se sienten iguales ante la ley, y todos creen firmemente que, con esfuerzo y suerte, pueden llegar a ser quienes quieran. Y eso no lo creen sólo para sí mismos, lo aplican al resto de personas. Los emprendedores con éxito están absolutamente idolatrados (piensa en Jobs, Musk, Gates, Zuckerberg...), y es algo admirable de esta sociedad. Por ello tampoco está mal visto el fracaso y, sobre todo, se invierte (económicamente) en las ideas en sí, no importando tanto de quien vengan.

Eso no quiere decir que se regale el dinero ni mucho menos. Los fondos de inversión y el *venture capital* están muy profesionalizados, y no van a invertir ni un dólar en una empresa que no tenga potencial para devolverles lo invertido multiplicado varias veces. Un requisito básico es que la empresa ya esté implantada en EEUU.

No obstante, los recursos para financiación son enormes, por los inmensos fondos de inversión que existen, muchos de ellos gestionando la colosal bolsa de las pensiones privadas (el 401K), que de media ronda los cien mil dólares por persona. El apetito por invertir y conseguir mayores rendimientos hace que, aunque sólo se invierta un pequeño porcentaje en inversiones de alto riesgo, (pero de gran retorno como son los emprendedores) la cifra en valor absoluto sea gigante. Gracias a este apoyo, en realidad egoísta, se consigue que algunas pequeñas *start-ups* lleguen a convertirse en unicornios valorados en miles de millones.

> **"En la fiebre del oro no se hicieron ricos los que buscaban oro, sino los que vendían palas.**

Conviene de todas formas mantener los pies en la tierra. EEUU conserva un fantástico marketing como "la tierra de las oportunidades". Ello sin duda atrae el talento extranjero, pero es que, sin talento, no puedes ni quedarte a vivir en condiciones. Emprender en EEUU es casi tan difícil como en cualquier parte, y para extranjeros, incluso un poco más difícil que para el resto.

Recordemos, como se explicó en el primer capítulo, que para poder quedarte y trabajar en el país hace falta un visado que lo autorice. Ello requiere en la mayoría de los casos que una empresa te *sponsorice*, para la que has de trabajar. Una estrategia puede ser emplear los ratos libres para ir poco a poco montando tu negocio. También puedes aprovechar el visado de estudiante para ello. En cualquier caso, difícilmente podrás dedicar todo el tiempo que un negocio en gestación necesita.

La opción preferida sería, no obstante, el visado de inversionista o E, con el que puedes quedarte mientras siga activo el negocio. Sólo está disponible para ciertos países. Para que te lo concedan, tienes que haber invertido en EEUU de forma "sustancial" (más de 50,000USD), además de tener un plan de negocio viable. Pero si tu empresa acaba en bancarrota, perderás el derecho a residir y tendrás que abandonar el país, con lo cual, ya estás arriesgando más que cualquier americano.

Además del visado, es arduo emprender en EEUU porque, simplemente, es una cultura diferente. Vender, ya sea un producto, una idea o las acciones de tu empresa, es el oficio más difícil. Si además lo tienes que hacer en otro idioma, y a personas con distintos valores y gustos al tuyo, la cosa se complica. Además, el mercado es muy competitivo, hay mucha y muy buena oferta de casi todo, es como jugar el Mundial o la Liga de las Estrellas de los negocios. En definitiva, tendrás que conocer bien el país, y eso, lleva tiempo.

Respecto a las gestiones para crear una empresa, en general son sencillas y rápidas. Dependiendo del Estado, puede ser cosa de días o de semanas y los costes relativamente bajos (varios cientos de dólares). De forma muy simplificada, existen dos tipos de entidades, las *LLC* (*Limited Liability Company*) y las *Corporation* (tipo S o C). Se suele recomendar las primeras para negocios pequeños que empiezan por su mayor sencillez y menores costes. Para la creación se recomienda acudir a un abogado, aunque hay servicios online muy buenos como *legalzoom.com*.

Resumiendo, la mayor ventaja de emprender en EEUU, aparte de la cultura abierta y el acceso a financiación si la idea es buena, es que, si tienes éxito, este será extraordinario. Las economías de escala son gigantes y con un mercado de casi 300 millones de personas, escalarás rápidamente hacia una empresa multimillonaria, igual que pasaba hace 150 años.

Sin embargo, tendrás que navegar por un territorio salvaje, lleno de trampas, forajidos y embaucadores esperándote. Hay un viejo dicho americano muy sensato: "En la fiebre del oro, quienes se hicieron ricos no fueron los que buscaban oro, sino los que vendían palas".

Conclusiones

✓ La cultura del emprendimiento está arraigada en los americanos desde sus orígenes históricos.
✓ Los recursos de financiación son enormes.
✓ El visado E está diseñado para ello, pero tendrás que invertir de forma sustancial.
✓ Con otros visados podrás emprender, pero de forma secundaria, aparte de tu trabajo o estudios.
✓ Emprender es complicado en EEUU, pero si hay éxito, el crecimiento es rápido y el potencial inmenso.

Livin' the dream

CAPITULO 12

Running Errands

Empezarás a conocer la particular sociedad americana desde los primeros días, que pasarás haciendo recados (*running errands*) para establecerte. Conseguir un alquiler, dar de alta el teléfono, internet, luz, gas, etc serán las primeras dificultades que encontrarás. En este capítulo te vamos a guiar para que no pierdas tiempo y tu experiencia sea lo más agradable posible.

Vivienda: compartir, alquilar o comprar

De las primeras cosas que tendrás que hacer cuando llegues será buscar un sitio para vivir. Dado que los americanos suelen vivir en muchos sitios del país a lo largo de su vida, el alquiler está muy extendido, habiendo multitud de oferta, pero también gran demanda.

Por ello, encontrar casa a un precio razonable puede ser una aventura. En especial en ciudades grandes donde hay elevada migración. Además, como no tendrás referencias, ni *credit history*, es muy probable que te exijan mayores depósitos o incluso no te alquilen en determinados sitios.

Hay multitud de páginas y sitios donde puedes encontrar pisos para alquilar o compartir, como *Craigslist*, *Westsiderentals* (de pago), *Rent.com* o *Zillow*. Los apartamentos se suelen denominar *condos* (abreviatura de *condominiums*), y pueden tener piscinas o gimnasios comunitarios. Por otro lado, las universidades suelen ofrecer sus residencias para estudiantes, a precios competitivos. Compartir casa también es una opción frecuente, dado el generoso tamaño que suelen tener las viviendas (¡excepto en Manhattan!)

En cualquier caso, ten ciertas precauciones, porque pueden darse fraudes. Desconfía en general de precios muy bajos para pisos espectaculares, los chollos no existen. También lee bien si la casa es compartida o no, la situación real, si es un *sublet* (subarraiendo), etc. Nunca adelantes dinero hasta que no la visites y veas el contrato de alquiler o *lease*. Lo más normal es que en sitios legales no te alquilen la casa desde el extranjero, sin verte o pedirte referencias antes. Si te dicen que puedes alquilarlo desde fuera y que envíes el depósito o cualquier dinero, desconfía y mucho.

Los contratos o *leases* suelen ser de un año mínimo, aunque pueden darse de menor tiempo a costa de mayores rentas mensuales. Lo más habitual es que te hagan una oferta si te comprometes a estar un año o más. Si finalmente estas menos, te arriesgas a que no te devuelvan el depósito (uno o dos meses) o que incluso te hagan pagar la diferencia hasta el año completo. Lo mejor para evitarlo es negociarlo con el arrendador (*landlord*), buscarle un remplazo o incluso que tú mismo subarriendes (*sublet*) el apartamento (es decir lo realquiles, aunque no es siempre legal hacerlo).

En la mayoría de los Estados, si terminas el año del *lease*, el contrato pasa automáticamente a ser *month to month*, es decir, puedes irte cuando quieras, siempre que avises con 30 días de antelación. No obstante, intentarán seducirte para que firmes un nuevo *lease*, con menores precios o aprovechando tu desconocimiento. Ten en cuenta que una vez pasado el primer año, no es obligatorio seguir firmando *leases*. Por suerte, si tu *landlord* quiere subirte la renta más de un 3% tiene que avisarte con 60 días de antelación, siendo 30 días mínimo, en cualquier caso (puede cambiar por Estados).

Una vez te marchas, el *landlord* retiene el depósito hasta que evalúa los daños que se hayan causado y te devolverá la parte del depósito descontada. Usualmente siempre te cobran la limpieza, y muchas veces la pintura. Es siempre motivo de discusión, porque la evaluación de daños es subjetiva, y muchos *landlords* aprovechan exagerando los daños. Les pasa hasta a los americanos. Además, te exigirán que contrates un seguro de vivienda, que rondan los 200USD anuales. Ellos suelen ya recomendarte alguna empresa.

El pago de la renta suele ser mensual y por adelantado. A veces incluye servicios comunes como agua, basuras o calefacción, que se suelen llamar de forma general *utilities*. Pregunta el precio de esos gastos antes de alquilar, para evitar sorpresas. Si te retrasas en el pago, es posible que te cobren intereses de demora, además de afectar a tu *credit history*.

Si te demoras más de lo acordado o dejas de pagar, puede considerarse una ocupación, y acabar en algunos meses en juicio, en el que te obligarían a desalojar la vivienda (*eviction*).

"Puedes encontrar cosas de segunda mano en los típicos *yard sales*.

En general, las viviendas se alquilan sin muebles, siendo condición imprescindible cuando las dejas que te deshagas de ellos, si no, pueden cobrarte por desalojarlos. Por ello, hay un enorme mercado de segunda mano de muebles (busca en *craigslist*), incluso podrás encontrar cosas tiradas en la propia acera, sobre todo en zonas universitarias donde hay mucha rotación. También es muy pintoresco, pero realmente habitual, ver *yard sales*, donde los americanos se deshacen de trastos viejos en mercadillos improvisados en la puerta de sus casas. Síntoma del gran hobby americano: comprar cosas que no acabarán usando. Si buscas algo nuevo, Ikea también está ampliamente implantado.

Algo muy típico de la cultura americana es que muchas casas no tienen lavadora, sino que comparten grandes máquinas semi-industriales para todo el edificio. En otras ni eso, tendrás que ir a las pintorescas tiendas de *coin laundry* a hacer la colada, que cuestan entre 1 y 2 dólares por lavado. Resulta curioso que, en una sociedad tan individualista y derrochadora, sean tan eficientes en el tema del lavado. No le hemos encontrado explicación.

Es posible que, en algún momento, sobre todo si tu intención es quedarte a muy largo plazo, te plantees comprar una vivienda. Aunque ello requeriría un capítulo aparte, se van a comentar ciertos detalles.

En EEUU es muy habitual la figura del intermediario o *realtor*, que funciona como una inmobiliaria, aunque sea una sola persona. El *realtor* suele cobrarle al vendedor una comisión (alrededor de un 6% de la transacción), lo que se internaliza en el precio de venta. Es una figura regulada por cada Estado, siendo en ocasiones obligatoria.

Aparte de ello, hay que tener en cuenta los impuestos anuales (*property tax*), que, dependiendo el Estado, pueden ser muy elevados, ya que se cobran como un porcentaje sobre el valor de mercado de la vivienda, fijado por las autoridades locales. Además de ello, sobre todo en apartamentos, puede haber grandes costes de HOA (*Homeowner Association fee*), para repartir los costes comunes como seguridad, piscina, jardín, etc. El HOA puede llegar a ser, en ciertos casos, muy elevado (600USD o más al mes), ya que la mano de obra es cara, pero, sobre todo, si la vivienda mantiene cualquier tipo de litigio, lo cual no es extraño.

Utilities: Electricidad, Agua y Gas natural

Entre las cosas que los americanos presumen y tienen grabado en su propio ADN es que la energía es y tiene que ser barata. El *American Way of Life* se sostiene por un consumo energético per cápita exagerado (dobla a la media de la EU y sextuplica la de Latinoamérica). Las viviendas son excesivamente grandes, mal aisladas, con bajo rendimiento energético, y el transporte absurdamente ineficiente, basado en el coche individual. Por ello, la energía, bien sea electricidad, gas natural o petróleo ha de mantenerse barata, ya que es algo de mucha sensibilidad para el electorado. Y ello se consigue gravándola poco o nada y manteniendo un mix energético basado en combustibles fósiles, provenientes de sus propios y abundantes recursos naturales (carbón y gas natural) o de masivas importaciones (petróleo). Recordemos que EEUU no ha firmado el Protocolo de Kioto para hacer frente a las emisiones de gases de efecto invernadero. Y sobra explicar que uno de los principales motores de la política exterior de EEUU en Oriente Medio y en el mundo, es garantizarse el suministro de petróleo.

La gasolina cuesta la mitad que en Europa, y otro tanto con la electricidad y el gas natural. Ello seguro que va a aliviar tus gastos mensuales.

Contratar estos servicios no es difícil en general, salvo que quizás tengas que poner ciertos depósitos al carecer de *credit history*, que se devolverán con el tiempo.

En la mayor parte del país, las *utilities* siguen siendo monopolios municipales o regionales, es decir, no podrás elegir el proveedor, sólo te podrá suministrar el existente, al precio estipulado. Y pueden ser empresas públicas o privadas, pero en cualquier caso fuertemente reguladas. Ello hace que los precios no suelan subir y sean, como se ha explicado, relativamente bajos. No obstante, hay ciertas partes del país, como Texas o el noreste, donde podrás elegir tu proveedor de electricidad de forma similar a como ocurre con el teléfono, ya que, en esas partes, el mercado está liberalizado.

Comunicaciones: Teléfono, Internet y Televisión

Respecto a la telefonía móvil, la oferta es amplia y variada. Los operadores tradicionales AT&T y Verizon compiten ferozmente con los nuevos como T-Mobile, Sprint o MetroPCS. Existen las modalidades de prepago y de contrato mensual. Los móviles también pueden ser financiados con cargo a la factura mensual, pero para ello tendrás que tener *credit history*, sino tendrás que pagarlo totalmente al principio (*up-front*). Ello lo comprobarán con tu número de la seguridad social. Es también probable que chequén tu historial crediticio a la hora de hacer un contrato, pudiendo requerirte depósitos adicionales si no tienes o la puntuación es baja.

Existen dos tipos de teléfonos móviles, los usuales de SIM card y los que tienen chip. Estos últimos no se pueden liberar (*unlock*) y sólo sirven para el operador original. Aun así, tanto para unos como para otros, tienes que considerar la versión del aparato si piensas cambiarte de compañía, o usarlo de vuelta en tu país. Incluso estando liberados, puede que las frecuencias (bandas) en las que opera el aparato no sean compatibles en todos los casos. Los fabricantes habitualmente producen distintas versiones para adaptarse a los distintos mercados. Vigila que la versión que adquieres es internacional o compatible con las frecuencias de tu país y operador. Es algo a investigar en foros especializados o con el servicio técnico, ya que no lo suelen saber en las tiendas.

Aparte de ello, la variedad de planes y tarifas es muy amplia, siendo recomendable los planes con tarifa plana, que te permiten hablar sin límite por un precio fijo. Incluso por poco más puedes incluir llamadas a teléfonos internacionales, algo que tu familia agradecerá. Evalúa las diversas ofertas y elige la que más te convenga. AT&T, Verizon y T-Mobile tienen buena cobertura, que, sorprendentemente, no es demasiado abundante en el país, dada su extensión.

Respecto al teléfono fijo, internet y televisión pueden y suelen contratarse en conjunto (*bundle*), pudiendo incluso incorporar el teléfono móvil. Las operadoras son menores, destacando nuevamente la tradicional AT&T (heredera del monopolio histórico), Verizon, Direct TV o Time Warner Cable. También ocurre a veces que no todas están disponibles en tu zona o vivienda, teniendo poca o ninguna opción para elegir. Nuevamente hay numerosos planes y has de comparar bien. Algo sorprendente, es que estas compañías suelen tener poder de negociación, es decir, que regateando puedes conseguir mejores condiciones que las generales de sus planes. Otra táctica común es también amenazar con cancelar la subscripción. El departamento de cancelaciones te ofrecerá sus mejores ofertas para que te quedes con ellos.

Otro truco es negociar el *router*, que muchas veces puedes adquirir a menor precio por tu cuenta e instalarlo siguiendo sus estándares, si eres un poco habilidoso con la informática.

Respecto a la televisión por cable, es un negocio que está en transición, con sistemas de *video on demand* como Netflix o HBO, que funcionan por Internet. Lo normal es contratar paquetes con distintos números de canales. También existe la televisión pública, que podrás recibir de forma gratuita con un receptor y antena digital (DTV). En general es bastante mala, pero tiene algunos canales aceptables como ABC o NBC, sobre todo para escuchar las noticias y practicar a escuchar inglés.

En todo caso, a menos que tengas algún sistema de grabación avanzado, prepárate a ver anuncios y comerciales, en cantidades abusivas para los estándares europeos. La televisión es otro escaparate más para el consumismo.

Como en casa: Las Embajadas y Consulados

Por último, no olvides que estas en un país extranjero. Hasta que nada cambie, sigues siendo ciudadano de tu país de origen. Los Consulados y Embajadas de tu país son (o deberían ser) el refugio por si algo realmente malo pasa. Además, mantienen cierto estatus legal para hacer gestiones de tu país, como renovar carnets de identidad o conducir, legalizaciones, notaría, nacimientos, etc. Es probable que tengas que acudir en alguna ocasión a lo largo de tu estancia en EEUU. Al fin y al cabo, son el vínculo con el país de donde provienes y están para que no tengas que viajar de vuelta para hacer ciertos trámites administrativos. No obstante, cada país tiene su propia legislación y los consulados son más o menos amigables o atentos con sus ciudadanos. Pueden tener incluso varios departamentos como el educativo, el comercial para atender a empresas, o el militar.

Aun así, es recomendable que sepas dónde está el más cercano y el que te corresponde. Suelen tener un número de emergencia por si algo ocurre, como detenciones, pérdida de documentos, muertes, etc.

Además, suele haber Cónsules Honorarios en muchas ciudades, que, en muchos casos, de forma voluntaria, hacen de intermediarios con el consulado general. Están para las emergencias más graves y hacen cierto papel de representación diplomática. Por ello, suelen haber tenido una vida llena de anécdotas, y son de las personas más interesantes que hemos conocido en nuestra estancia.

Por todo ello, es también muy conveniente que entre las primeras cosas que hagas al llegar, es que te inscribas en el consulado, es decir, que avises que estas residiendo en EEUU. Ello podrá serte útil después para efectos fiscales, pero también para que estés en el registro por si ocurre una catástrofe. Suelen también congregar a la comunidad local del país, que te puede servir al principio para hacer amigos y contactos en tu situación. Cuando estas fuera, nadie como un paisano para entenderte y desahogarte.

Pero ten en cuenta que los consulados no son agencias de trabajo, ni abogados de inmigración, ni, en general, hacen milagros. Ellos poco podrán ayudarte para conseguir un visado americano, un sponsor, o un trabajo, aunque puedan poder toda su buena voluntad para ayudarte. Su ámbito de actuación es la legislación de su país.

Conclusiones

- ✓ Alquilar una vivienda requerirá firmar un *lease* y depósitos.
- ✓ Hay un gran mercado de muebles de segunda mano.
- ✓ Las utilities, como la electricidad, agua y gas, son relativamente baratas, y fáciles de contratar, siendo casi siempre monopolios.
- ✓ La oferta de telefonía e internet se reduce a un puñado de operadores a nivel nacional.
- ✓ El negoció de la televisión está en transición desde el cable a servicios por Internet.
- ✓ Conviene inscribirse en el Consulado por efectos fiscales y por seguridad en caso de problemas graves o catástrofes.

CAPITULO 13

In Cash We Trust

El sector bancario americano te parecerá al principio muy anticuado si vienes de Europa, pero a largo plazo te darás cuenta que no es tan así, y que, además, está muy en consonancia con el modo de vida y de entender el dinero en EEUU.

La primera curiosidad es que todavía es muy frecuente pagar con cheques y que las transferencias (*wire transfer*) son raras (y caras). Aunque parezca anticuado, al final resultan útiles, porque queda constancia escrita de las transacciones, con tu propia firma, y se puede intercambiar grandes cantidades en el momento, siendo más seguro y menos farragoso que el efectivo. No obstante, siempre queda el riesgo de que haya fondos en la cuenta, aunque suelen fiarse bastante de ello. La preferencia del cheque sobre las transferencias es quizás porque los americanos no se sienten nada cómodos compartiendo la información bancaria. Curiosamente lo ven algo arriesgado.

Todo el sistema está orientado entorno a los cheques, que incluso se pueden depositar en los cajeros automáticos (llamados ATM, de *Automated Teller Machine*), y recientemente hasta con una fotografía del teléfono móvil a través de las diferentes apps bancarias. Será habitual que recibas tu sueldo con un cheque o que muchas cosas como el alquiler lo pagues de esta forma, aunque tengas que enviarlo por correo postal.

No obstante, para recibir pagos algunas empresas pueden realizarlo directamente a tu cuenta, lo que se denomina *Direct Deposit*. Las transferencias también existen, aunque no son habituales, y requieren más información que el número de cuenta, como la dirección, nombre, etc.

"Los cheques bancarios siguen siendo muy utilizados.

Las domiciliaciones de recibos y pagos son casi impensables y hasta obscenas desde el punto de vista americano. Permitir que alguien o una empresa pueda coger tu dinero de tu cuenta directamente es algo que no cuadra con el modo de entender la libertad y la propiedad personal en EEUU. El dinero y la propiedad privada son sagrados. Si hubiera sólo un derecho en la Constitución, sería la propiedad privada, y es, sin duda, el pilar y la base del capitalismo americano.

Por ello, lo normal es que te lleguen las facturas cada mes y bien les envíes manualmente un cheque o hagas el pago por

Internet, con la tarjeta de crédito. No obstante, muchas empresas ya permiten el pago automático (*auto pay*), con el que directamente te lo cargarán, lo que es, de facto, una domiciliación.

Abrir una cuenta bancaria personal en EEUU es relativamente fácil. Con el pasaporte y una dirección local podrás hacerlo. Quizás te pidan el tipo de visado, pero más por control y efectos fiscales. Una cuenta de empresa suele ser más complicado si la empresa no está "incorporada" o legalmente registrada en el país.

Podrás conseguir sin problemas una tarjeta de débito, para sacar dinero de los cajeros (ATM), hacer pagos, etc. Sin embargo, una tarjeta de crédito es más complicado al principio, porque no tienes historial de crédito (*credit history*). A todo ese tema se dedica el capítulo siguiente.

En general, las tarjetas de crédito tienen mejor seguridad que las de débito frente a fraudes, porque están más vigiladas por el banco ante movimientos extraños. Además, será más fácil que te devuelvan el dinero si hay un cargo fraudulento, que verás antes de que se descuente de tu cuenta. Las tarjetas de débito realmente son casi como pagar en efectivo, se descontará directamente de tu cuenta.

Los fraudes y las copias o clones de tarjetas son muy habituales, te pasará seguro varias veces. En cuanto lo detectes, avisa a tu banco para que bloquen la tarjeta y te envíen una nueva. Te devolverán el cargo fraudulento sin problemas. Que te copien la tarjeta no es extraño ya que todavía no se usa pin para pagar en casi ningún sitio, y lo habitual es que los camareros (*servers*), por ejemplo, se lleven tu tarjeta para efectuar el pago. En muchos bares, incluso dejarás físicamente tu tarjeta al *server* para que vaya cargando en tu cuenta todo lo que consumas. Eso se llama dejar la cuenta *open*. Te la devolverá cuando te vayas, *closing the account* y firmando el *bill*.

Es curioso ver como dejar la tarjeta a casi un desconocido, no causa ningún miedo a los americanos, pero dar los datos bancarios a una empresa o un particular en una transacción, es algo muy serio.

Para transferencias internacionales con cambio de divisa se recomienda emplear servicios de *peer-to-peer* como currencyfair.com o transferwise.com. El tipo de cambio será más cercano al de mercado (menos *spread*) y las comisiones más bajas. En todo caso, los bancos americanos suelen cobrar bastante tanto por recibir como por emitir trasferencias a otros bancos.

Es útil aquí comentar el vocabulario habitual de los pagos:

- *Receipt* o *Note:* Es el cargo total. Se usa habitualmente para pedir la cuenta en un bar o restaurante.

- *Bill* o *Invoice:* Es la factura, o el resumen de los cargos. Se emplea más como justificante al comprar productos, aunque también en bares.

- *Quote:* Es un presupuesto. Una estimación de los gastos antes de que se produzcan.

- *Ticket:* Es una multa, normalmente de tráfico, cuidado porque es un *false friend*.

- *Payment:* Es el pago de los gastos.

- *Quarter:* Es la moneda de 25 centavos.

- *Dime:* Es la moneda de 10 centavos.

Conclusiones

✓ El cheque y las tarjetas de crédito son los medios de pago más extendidos.

✓ Las transferencias y domiciliaciones existen, pero son menos habituales.

✓ Abrir una cuenta bancaria personal y conseguir una tarjeta de débito es fácil.

✓ El fraude y clonado de tarjetas es muy habitual.

CAPITULO 14

El Credit History

Estados Unidos ama vivir a crédito. Es algo que arraiga pronto en su cultura desde que piden los primeros y enormes préstamos universitarios (la deuda media de un estudiante recién licenciado ronda los 30,000USD). El uso de tarjetas de crédito para cualquier compra es lo normal, así como financiar la compra o hacer *leasing* del coche. En una sociedad tan consumista y guiada por apariencias, las finanzas de un americano medio se basan en ajustar sus ingresos a los pagos de sus préstamos, dejando poco o nada para el ahorro. Viven al día, gastando todo lo que ganan, en bienes actuales o financiados. El ahorro lo suelen hacer con su plan de pensiones, el famoso 401K, o en la compra de una casa (si el precio de la vivienda no se estrella, por supuesto). El crédito está potenciado por unos intereses bajos (dependiendo de lo que se financie) y por los casi nulos rendimientos de los depósitos bancarios.

Además, las tarjetas de crédito tienen promociones muy agresivas, de ventajas en puntos para comprar más artículos o en *cash-back* (te devuelven parte de lo gastado, hasta un 3% del total dependiendo de lo comprado).

Tener créditos o préstamos está tan interiorizado en la cultura americana, que se da por hecho que todo el mundo los tiene, y se ve como algo normal. De hecho, es una forma de medir si eres buen pagador y hasta una persona responsable. Todas las compras a crédito, pago de facturas y, sobre todo, las devoluciones del principal, se vigilar y recogen por unas agencias para constituir tu historial crediticio o *credit history*. Los bancos y prestamistas, entre otros, cederán a las agencias la información de cuánto debes, cuántos créditos tienes, si pagas en la fecha adecuada o te retrasas, etc. Con ello, se construirá un informe, el *credit report*, con una cifra que va de 300 a 850, el *credit score*, que puntuará lo buen pagador que eres. El historial se va guardando ligado a tu número de la Seguridad Social, SSN (ver [El *Social Security Number*]).

"Tener créditos en EEUU es algo cultural y casi inevitable.

Las agencias principales son tres *TransUnion*, *Equifax* y *Experian*. Tienes derecho a ver gratis tu *credit report* una vez al año, a través de una página autorizada por el gobierno federal que se llama AnnualCreditReport.com. Además, hay multitud de páginas que te querrán vender la información de tu *credit score* y cómo mejorarlo, etc. En general, no las necesitas.

El c*redit history* funciona como una lista de morosos, pero al revés. Antes de concederte un crédito, se valora el riesgo de si vas a devolverlo, por tu historial pasado, y en función de ello, se determina el tipo de interés y la máxima cantidad de crédito.

Puede que pienses que esto no es para ti, pero es importante, porque tu historial de crédito lo van a requerir en muchas ocasiones, aunque no te des ni cuenta. Por ejemplo, al alquilar o comprar una casa, contratar una línea de teléfono o internet, contratar un seguro de automóvil, o hasta solicitar un trabajo. Las empresas te pedirán tu número de la Seguridad Social y ellas, obtendrán tu informe crediticio de las agencias. En función del resultado, si tu *credit score* es malo, o no tienes, puede que tengas que pagar más por el servicio o alquiler, o, normalmente, poner ciertos depósitos, para reducir el riesgo de impago. A veces, puede que ni te den el servicio.

Si vienes del extranjero, no tendrás *credit history* en EEUU, y al principio ni siquiera SSN, lo que supone una dificultad para empezar. Tampoco sirve si tienes buen historial de crédito en tu país, pues no se convalida.

Aunque se puede vivir sin *credit history*, si tu intención es quedarte largo tiempo en el país, es conveniente que lo hagas. En muchos casos, simplemente, para ahorrarte problemas administrativos y parecer un americano más. Ya sabes el refrán de "alla donde fueres, haz lo que vieres".

Para "construir" tu historial crediticio, (*build you credit history*) la opción más normal es que pidas en tu banco una tarjeta de crédito asegurada. Es un poco absurdo, porque te obligarán a poner un depósito (300 o 500USD) y gozarás de una línea de crédito hasta esa cifra. Es decir, que el banco te prestará a ti tu propio dinero, y si no lo devuelves a tiempo, te cobrará y se quedará con los intereses. Pero de esa forma, usando la tarjeta de forma regular y pagándola a tiempo, irás poco a poco ganando puntos hasta que ya tengas un *credit score* adecuado. Más o menos necesitarás alrededor de un año, pero lo vas a notar en cuanto, de repente, empieces a recibir cartas (y vas a recibir cientos) vendiéndote tarjetas de crédito de todo tipo.

> **"Para construir el *Credit History* pasarás por situaciones absurdas: tendrás que prestarte tu propio dinero.**

Las tarjetas de crédito suelen tener tipos de interés muy altos, de hasta el 30% o más, lo que es un poco abusivo. Por ello, es fundamental que preguntes si tiene período de carencia, es decir, que si devuelves o pagas el balance antes de alguna fecha (normalmente un mes) no te cobran intereses. Por otro lado, mencionar que las tarjetas de crédito son imprescindibles para alquilar un coche, ya que no sirven las de débito.

Conclusiones

✓ Vivir con préstamos es lo habitual en EEUU.
✓ El *Credit History* es un historial de cómo devuelves tus créditos y préstamos y pagas tus facturas.
✓ Se emplea para valorar el riesgo de impago y lo responsable que es la persona.
✓ Lo chequearán en muchas ocasiones como alquilar una casa, comprar un teléfono o solicitar un trabajo.
✓ Va ligado a tu Social Security Number (SSN).
✓ La forma de empezar a construirlo es con una tarjeta de crédito asegurada.

CAPITULO 15

Behind the wheel

En cuanto lleves un par de semanas viviendo en Estados Unidos, te darás cuentas que es un país hecho por y para el coche. La amplia disponibilidad de terreno, la baja densidad de población y la cultura individualista de la sociedad, ha conformado ciudades muy extendidas, con edificios bajos y calles ridículamente anchas. Ello también es el resultado de un devenir histórico soportado por la gran disponibilidad de petróleo a bajos precios y la falta de planificación urbana, donde el coche particular era la mejor solución siempre a corto plazo. Ello ha resultado en importantes retos y problemas en la actualidad para las ciudades, con tremendos atascos, costes de combustible altos y, sobre todo, unas emisiones de CO_2 y otros contaminantes francamente inadmisibles.

A menos que vivas en Nueva York (o incluso San Francisco), necesitarás coche para vivir de una forma medianamente razonable y cómoda. Desde luego que transporte urbano hay en casi todas las ciudades, pero los tiempos y las distancias a cubrir, pronto te demostrarán que manejarte sólo con transporte público es inviable. Por ejemplo, para hacer la compra semanal tendrás que ir a grandes superficies, ya que no existe, en general, el pequeño comercio urbano. Lo más probable es que acabes viviendo en un suburbio, con casas individuales e independientes. Para tu *commute* diario, aunque puedas cubrir parte de tu trayecto en transporte público, necesitarás coche para terminar la parte menos concentrada.

"En Estados Unidos necesitarás conducir." Las ciudades de Los Angeles o Houston son ejemplos extremos de este desarrollo urbano absurdo. En el caso de Los Angeles, famosa por sus atascos y con su peculiar microclima, cuentan que, en los setenta, había toques de queda por contaminación. Eran días en los que los niños no podían salir a la calle a jugar, por el peligro del aire que respiraban.

Sobre el carnet o licencia para conducir, te valdrá la de tu país sólo durante un tiempo, aunque tendrás que comprobar las normas del Estado donde vivas. Si vienes de turista, por menos de 6 meses, en general te servirá tu licencia durante todo el período, pero, si vienes con visado, sólo te servirá los primeros días. Lo mismo ocurre con las licencias internacionales que algunos países emiten, no se suelen reconocer, por lo que no merece la pena sacarlas. Tampoco convalidan el carnet de otros países, tendrás que examinarte en el Estado correspondiente. No obstante, sí se convalidan entre Estados.

Se puede alquilar un coche con licencia extranjera, pero siempre es necesario presentar además una tarjeta de crédito, no siendo válidas las de débito. De esa forma, trasladan el riesgo al banco en caso de daños en el vehículo.

La licencia para conducir es gestionada por cada Estado, y, para obtenerla, tendrás que acudir al departamento correspondiente, denominado normalmente como DMV (*Department of Motor Vehicles*), que, además, gestiona las matrículas y lleva el registro de la propiedad de cada vehículo. Normalmente te pedirán algún comprobante de presencia legal en EEUU, como el visado. No obstante, recientemente, en aras de mejorar la seguridad, algún Estado admite que personas ilegales puedan tener carnet de conducir (California, con su ley AB60). Es también posible que, si tu situación migratoria es extraña (por ejemplo, visa caducada, pero en trámites de la siguiente), no te emitan el carnet.

Para obtener la licencia, en general, tendrás que hacer un examen teórico y otro práctico. Este último se llama curiosamente, *Behind the Wheel*. Dada la gran necesidad de los americanos de conducir, no es de extrañar que se permita, en algunos sitios como Alaska, a partir de los 14 años.

El examen teórico suele ser bastante sencillo, con preguntas muy claras y hasta obvias. Es decir "no van a pillar". El práctico, también se supone que es fácil de aprobar, ya que es un fiel reflejo de la normativa. Sin embargo, la forma de conducir americana, orientada tan extremadamente a la seguridad, puede hacer que, si estás acostumbrado a conducir en tu país, te cueste algo adaptarte, y suspendas varias veces.

Te sorprenderá, en especial si eres europeo, la gran cantidad de espacio que dejan antes de parar en un stop o semáforo; o que esperan a mover el coche en un cruce hasta que todos los peatones han subido a la acera. También sufrirás al principio con los giros a la izquierda, y seguro que disfrutarás de los giros a la derecha, que se pueden hacer con el semáforo en rojo.

Algo muy serio en EEUU es conducir bajo los efectos del alcohol. Se denomina *Driving Under the Influence* (DUI) y puede llevarte a pasar algún tiempo en la cárcel, multas económicas desproporcionadas (hasta 10,000USD) y la pérdida de la licencia de conducir. Quizás la peor consecuencia es que quedará en tu "expediente", evitando, en la mayoría de los casos, que pases el *background check* cuando busques un empleo (ver [Encuentra trabajo en Estados Unidos]). Los controles de alcoholemia no son tan frecuentes como en Europa, pero, si un policía ve que haces alguna maniobra extraña y determina, cuando te pare, que estas en DUI, no te librarás de la sentencia. Es una prueba más de lo estricta que es la ley, como se comentará en [Sin perdón (It's the policy)].

La forma de conducir depende mucho de la ciudad, pero en general está adaptada a coches grandes, por lo que se dejan amplios espacios en giros, etc. La velocidad máxima es algo menor que en Europa, y se mide en millas por hora (mph). Es importante (y obligatorio) tener seguro del coche. Es además común que pequeños accidentes acaben con abogados aprovechados intentando sacarte todo el dinero posible, con la amenaza de acabar en juicio. Los seguros suelen hacerse cargo de estas situaciones. Ver más en [Hit the Road].

Para servicio en carretera, grúas, etc, en EEUU existe una institución llamada la AAA (o triple A), que funciona bastante bien y es muy recomendable, en especial cuando, al principio, sueles comprarte un coche de segunda mano y muchos kilómetros en el chasis. Es realmente un club de automovilistas, que además ofrece ciertos descuentos en hoteles, guías de viaje, revisiones, etc.

Aunque existen escuelas de conducir, normalmente la gente no las utiliza. El examen teórico es sencillo y para el *Behind the Wheel*, en general, se puede practicar con el coche propio o el de otra persona, siempre y cuando vayas acompañado de alguien que tenga ya carnet.

Ya que prácticamente todo el mundo conduce en EEUU, el *Driver License* se utiliza además como carnet de identidad, siendo, como se ha comentado, distinto en cada Estado. Con el carnet de conducir podrás identificarte para casi cualquier cosa que necesites, como comprar alcohol en un supermercado, coger un vuelo o entrar en una discoteca. No obstante, si a pesar de todo, no sabes o no tienes interés en conducir, en las propias DMV puedes obtener un carnet de identidad o ID. Este te servirá para identificarte, aunque no te permitirá conducir. (Es, de hecho, muy similar a la propia *Driver License*)

No obstante, para la identificación a efectos fiscales, necesitarás el SSN (*Social Security Number*) o el ITIN, como se vió en su capítulo. Y para demostrar que puedes trabajar, además del *Driver License* o ID, te pedirán el SSN o algún otro documento según se explica en el formulario I-9 (Ver [La tarjeta de empleo (*EAD card*)]).

Conclusiones

- ✓ En Estados Unidos probablemente necesitarás conducir.
- ✓ La licencia de conducir de tu país sólo te servirá al principio.
- ✓ El *Driver License* varía por Estados y se emplea también como carnet de identidad.
- ✓ El examen tiene dos partes, el teórico y el práctico o *Behind the Wheel*.
- ✓ Atención a las normas americanas, algunas son bastante peculiares.
- ✓ Cuidado si bebes alcohol y conduces. Las consecuencias si te sentencian por un DUI son muy graves.

CAPITULO 16

Hit the Road

Si tu voluntad es quedarte cierto tiempo en USA, como se ha visto en el capítulo anterior, te plantearás comprar un coche en algún momento. En ciertas ciudades no lo necesitarás porque el transporte público es suficiente, e incluso hay otras donde hay servicios de *carsharing*, como Zipcar, que funcionan bastante bien. Con ellos puedes alquilar un coche por horas. Tanto con esos servicios como el alquiler tradicional, tendrás que disponer de una tarjeta de crédito (no válidas las de débito).

También te puedes apañar con servicios como Uber y Lift, mucho más baratos que el taxi convencional. O incluso con bicicleta, una opción que se está poniendo muy de moda últimamente, aunque todavía no hay muchas ciudades preparadas para el uso mixto de forma segura.

Sin embargo, en muchos otros casos, no te quedará más remedio que disponer de tu coche propio. La buena noticia es que los coches son, en general, baratos. Hay un mercado de coche de segunda mano muy amplio y competitivo. Y los impuestos de matriculación y de combustibles tampoco son altos (el precio de la gasolina es la mitad que en Europa). Casi todas las viviendas tienen plazas de garaje y el alquiler de ellas no suele ser alto (todo ello comparando con el nivel de vida americano)

Los coches nuevos son algo más baratos que en Europa, por los menores impuestos y la mayor competencia. Es muy habitual en EEUU financiar el vehículo, bien por *leasing*, *renting* o préstamos tradicionales. La estrategia de muchos concesionarios es darte unas condiciones muy buenas de financiación si quieres cambiar tu coche por uno nuevo de la misma marca, con lo que pretenden fidelizar al cliente. En todo caso, como al principio no tendrás *credit history*, lo más probable es que no puedas financiarlo, o las condiciones sean muy desfavorables. Ver capítulo [El *Credit History*].

Lo más adecuado para empezar es que adquieras un coche de segunda mano. La inversión será menor y te importará menos deshacerte de él si te tienes que marchar. El mercado de coches de segunda mano es infinito, tanto a través de *dealers* (concesionarios) como de particulares. Puedes encontrar casi cualquier modelo y hay margen de precios para todos los bolsillos. Para buscar existen páginas web como *Craiglist*, *Cars.com*, y muchas otras. También puedes ir a un concesionario directamente, siendo famosos *Carmax*, *Autonation* o *Penske*.

El miedo común a comprar un coche de segunda mano es que el coche esté en malas condiciones, peores de las que parece. Para que no te vendan un limón (*don't get a lemon!*), como se suele llamar a los coches defectuosos, hay un servicio muy extendido en el país que se llama *Carfax*. Esta empresa recopila toda la información pública disponible sobre la historia del vehículo, y te la vende en un informe resumen. Detalles como revisiones, accidentes, modificaciones, golpes, etc., aparecerán en el reporte. Normalmente el propio vendedor es quien te enseñará el informe para demostrar la calidad del coche, tanto en particulares como concesionarios. Si no lo hacen, desconfía. En todo caso, siempre puedes adquirir el informe tú mismo, con el número VIN del vehículo.

También es habitual y recomendable visitar a un mecánico de confianza, cuando se inspecciona el coche. El vendedor normalmente accederá y el mecánico suele cobrarte algo por el tiempo dedicado.

Además de ello, y más orientado a valorar el precio del coche, está el catálogo online *Kelley Blue Book* (kbb.com). En este servicio, de forma gratuita, podrás ver el valor aproximado del vehículo, según años, kilómetros, marca, modelo, extras, estado, etc. Suele ser además un argumento para negociar el precio, que, usualmente, se ajusta bastante a lo que indica el Blue Book.

Sobre los precios de las cosas en EEUU, pero en especial de los coches, están pensados para ser negociados. Nunca, nunca,

nunca aceptes el primer precio que te ofrezcan por un coche. Las rebajas pueden ir del 10% al 20% o más fácilmente. Aunque las conversaciones sean duras, negociar el precio es parte del juego.

También, en el caso de los *dealers*, hay días del año que son muy adecuados para comprar coche, como días festivos nacionales, y en especial, el último día del año (el 31 de diciembre). Los concesionarios deben librarse del *stock* antes de que acabe el año para evitar pagar más impuestos y conseguir sus *bonus*, y es cuando harán las ofertas mas jugosas.

"Nunca, nunca, nunca aceptes el primer precio que te ofrezcan.

Una vez que ya tengas elegido tu coche ideal y cerrado el precio, habrá ciertos documentos legales que tendrás que gestionar. En muchos Estados es obligatorio que el coche haya pasado el *smog check* antes de venderse. Es una especie de Inspección Técnica del Vehículo, sobre todo orientada a que las emisiones de gases de escape sean admisibles. Es algo que normalmente hace el vendedor, y el precio ronda los 50USD. Cuando seas dueño, también deberás pasar el *smog check* cada ciertos años. Además de ello, el coche debe estar al corriente del pago del registro, una especie de impuesto de circulación Estatal, que suele justificarse con una pegatina en la matrícula. Aparte de ello, deberás firmar algún contrato de compra-venta, y/o firmar y rellenar el *title* del vehículo, que es la ficha donde se indica la propiedad. Además, para finalizar, deberás bien tú, el vendedor o ambos, notificar la transacción al DMV, para descargar la responsabilidad de accidentes o multas. El *dealer* suele encargarse de todo el papeleo, pero si es un particular, deberás tener cuidado e infórmate de los requisitos y procesos en tu Estado. No obstante, suele ser algo bastante fácil. También es posible que tengas que pagar algún impuesto por la venta o transmisión de la propiedad.

Tarde o temprano, llegará el momento en el que tengas que vender tu coche. En ese caso, deberás tener en cuenta todo lo dicho para la compra, pero en sentido contrario.

Lava bien el coche (en muchos garajes te pueden hacer un *detailing*, una limpieza profunda que lo dejará como nuevo), haz las mejores fotos que puedas, saca el *Carfax*, pasa el *smog check*, y lánzate a promocionarlo en *Craiglist*, *cars.com*, y redes sociales. Fija un precio sabiendo que lo vas a tener que bajar, y sigue el *Kelley Blue Book* para tener una idea del valor. Con suerte lo venderás rápido, pero si ya tienes una fecha de partida, no lo dejes para última hora, ya que vender con prisas siempre es malo. Los *dealers* también podrán comprar tu vehículo, pero la oferta que te harán será mucho menor que un particular, en algunos casos hasta ridícula (como en *Carmax*).

Otra opción que puedes valorar es llevarte de vuelta el vehículo a tu país. El coste del envío por barco ronda los

3,000USD, pero además es posible que tengas que hacer adaptaciones a las normas de tu país (color de las luces, emisiones, etc) y quizás pagar aranceles de importación (dependiendo del país y del tiempo que se haya tenido el coche). Lo mejor es consultar a empresas especializadas en ello. En general suele compensar para coches nuevos o modelos exclusivos, difíciles de encontrar. Por ejemplo, los *muscle car*, como el Chevy Camaro o el Ford Mustang, son coches baratos y comunes en USA, pero raros y muy llamativos en Europa o Latinoamérica.

Los Seguros (Auto insurance)

Otra cosa que también deberás tener en el momento de la compra, o muy cercano a ello, es el seguro del coche. Es obligatorio tener un seguro mínimo, que cubra "a terceros", es decir, a los posibles afectados por un accidente, con unas coberturas mínimas que varían por Estado. Sobre seguros de coche se podría hablar un capítulo entero, pero los aspectos más importantes son:

Insurance Policy (poliza): El contrato que firman el asegurado y la compañía aseguradora donde se explican los riesgos y costes cubiertos.

Premium (prima): Los pagos que el asegurado ha de hacer a la compañía aseguradora a cambio de que cubra el riesgo.

Deductible (conocido también como Excess): En un accidente con daños, es la parte del coste que tiene que asumir primero el asegurado de su bolsillo, y a partir de la cual, se hace cargo el seguro. Es decir, si, por ejemplo, el *deductible* es de 500USD, el seguro paga los costes sólo a partir de esa cifra. Lógicamente los seguros con *deductible* altos pagan menos *premium*, porque el riesgo para la aseguradora es menor.

Bodily injury liability: parte de la prima dedicada a cubrir los daños o muerte de terceras personas. También cubre los gastos legales si la otra parte de denuncia judicialmente.

Medical payments, no-fault or personal injury protection coverage: parte de la prima dedicada a cubrir los gastos médicos del conductor y los acompañantes en caso de accidente.

Uninsured motorists coverage: parte dedicada a pagar los daños físicos causados por un conductor (motorista o de cualquier tipo) que no tenga seguro, y, en algunos Estados, que haga un *hit-and-run* (aun teniendo seguro, se dé a la fuga).

Collision coverage: Cubre los daños a tu vehículo por accidente o colisión. Para coches viejos, considera no incluir esto en tu póliza, ya que el máximo está limitado al valor de venta del vehículo.

Comprehensive physical damage coverage: Cubre los daños a tu vehículo distintos a un accidente, como puede ser el robo o vandalismo.

Property damage liability: Cubre los daños que se puedan hacer al vehículo o la propiedad de un tercero.

El seguro mínimo obligatorio depende de cada Estado, pero suele incluir *Bodily Injury Liability*, *Property Damage Liability* y *Uninsured Motorist Bodily Injury Coverages*.

Para contratar el seguro de automóvil no es necesario tener el carnet o licencia americana, se puede hacer con la extranjera, pero no consideraran tu historial de buen conductor o tus años de experiencia. El precio que te darán será como si hubieras empezado a conducir ese mismo año. Para un seguro mínimo, al principio, el precio puede rondar los 1,000USD anuales, dependiendo del Estado, edad, etc. Irá bajando si no tienes accidentes, multas, etc. Se pueden contratar directamente con la aseguradora o a través de *brokers* de seguros, una figura muy habitual en el país.

En general, seguros "a todo riesgo", no existen o son carísimos, lo normal es tener una franquicia mayor o menor, dependiendo de tu nivel de riesgo, recursos y preferencias. En muchos casos, el seguro mínimo será suficiente, pero puede ser problemático en caso de un accidente muy grave donde seas tú el culpable. Si los costes que el afectado tenga son superiores al máximo que cubre tu seguro, pueden reclamar sobre tus bienes personales. Y es algo que puede ocurrir fácilmente ya que los costes médicos son exagerados, capaces de arruinar hasta a los más pudientes.

Existe un inmenso negocio de litigación sobre accidentes de tráfico. Es curioso ver anuncios de abogados de accidentes en carteles de carretera (*billboards*) o en la radio. Los abogados normalmente trabajan a "éxito", es decir, cobrando una parte (40% o más) de lo obtenido con la demanda. Por ello, al demandante, no le cuesta nada contratar estos servicios y sólo puede ganar en el mejor de los casos, ya que los posibles costes en caso de pérdida los asume el abogado. Estas firmas están especializadas en perseguir y amedrantar al demandado o a su seguro, alegando y exagerando los daños. Aparecerán radiografías, roturas de huesos, hospitalizaciones, todo para intentar sacar el mayor beneficio posible. Porque, en realidad, más del 95% de las demandas no llegan a juicio. Se arreglan en un acuerdo económico o *settlement*. Deseamos que nunca tengas que estar en esta situación, pero si te ocurre, tranquilo, porque al final es un juego económico, aunque puede ser muy desagradable.

Conclusiones

- El mercado de vehículos de primera y segunda mano es enorme.
- Con el *Carfax* podrás conocer el historial del vehículo, y con *Kelley Blue Book*, el precio razonable.
- El precio siempre se negocia y hay ciertas fechas mejores para comprar en concesionario.
- El *smog check* es una inspección obligatoria.
- Existe el seguro mínimo obligatorio.
- La litigación por accidentes es frecuente y suele terminar en un acuerdo económico o *settlement*.

CAPITULO 17

Health (Without) Care

La sanidad en EEUU es mala. Y eso a pesar de que seguramente tenga los mejores doctores, equipos y centros del mundo. Es mala porque es demencialmente cara y porque el objetivo no es sanar, sino ganar dinero, como cualquier otra empresa. De otra forma no se explica que a pesar de ser el país con mayor renta per cápita, sea el número 31 en esperanza de vida, según la WHO 2015. O que sea el que más gasta del mundo en sanidad como porcentaje del GDP (un 17%).

Toda la sanidad es privada. Los hospitales, ambulatorios, centros y médicos son privados, y pueden pertenecer a diversas redes u organismos que en algunas ocasiones son sin ánimo de lucro, y/o ligados a universidades. No obstante, hay dos programas públicos, *Medicaid* y *Medicare*, que son seguros sociales para cubrir servicios sanitarios básicos en personas con bajos recursos o mayores de 65 años. Sólo son válidos para ciudadanos o residentes permanentes que cumplan ciertos criterios, y cubren a un tercio de la población. Las coberturas son básicas y en los centros privados que aceptan esos seguros, a precios pactados con el propio gobierno. Algunos Estados admiten también a embarazadas y niños, aunque no sean residentes permanentes, siempre que sean legales.

La experiencia cuando vistas un centro médico no es, en general, mala. Las instalaciones están bastante cuidadas y la atención que recibes es esmerada. Dada la gran tendencia a litigar, los profesionales son muy escrupulosos en sus recomendaciones y tratan de prestar la mejor atención posible, para evitar posibles denuncias. Aunque a veces sean demasiado cuadriculados en no salirse de su papel y especialidad.

Lo desagradable de acudir al médico viene después, en la gestión de las facturas y los seguros, y su persistente tendencia a intentar cobrarte más de la cuenta, con facturas equivocadas que habrás de reclamar. Los copagos, sobrecargos y el precio de los medicamentos también son algo un poco escandaloso. Por un simple colirio para tratar la conjuntivitis, se puede pagar unos 300USD. Para cosas menores, no te atenderán a menos que tengas un seguro médico que ellos reconozcan en su "red" o pongas tu tarjeta de crédito (y no débito) como garantía de pago. En situaciones de vida o muerte, todos los hospitales tienen la obligación de atenderte en las *Emergency Rooms*, aunque te pasarán generosas facturas después.

Por ello, si vas de visita, aunque sea por un corto período de tiempo, es muy recomendable que contrates un seguro médico de viaje. Hay numerosas aseguradoras, como Mapfre, que suelen funcionar bastante bien. No te servirán para largo plazo, ya que sólo aseguran durante un tiempo (hasta tres meses). Y, en general, no existirán muchas aseguradoras extranjeras que te quieran cubrir en EEUU, dado lo complicado y caro del sistema.

Mucha gente culpa de este sistema demencial a las propias aseguradoras, pero realmente no son los principales culpables. Hay que distinguir entre seguro y lo que cubre. Los seguros no son caros en sí, lo caro es el servicio médico.

Los seguros están pensados como un juego de suma cero, la póliza multiplicada por el número de asegurados ha de cubrir los gastos de aquel (pequeño) grupo de asegurados que lo necesiten, ya que, en principio ninguno desea ese servicio. De esa forma, con pequeñas aportaciones, puedes permitirte pagar un servicio más caro que, en teoría, no esperas ni deseas recibir, (todo el mundo evita acabar en un hospital si puede), y que tampoco podrías probablemente permitirte.

Claro, el negocio de la aseguradora es cubrir un riesgo, y por ello trata de seleccionar a sus clientes entre los más sanos, fijando las pólizas en función del riesgo que tienen de necesitar servicios médicos. Exactamente igual que los seguros de coches, que cobran más a los conductores con menos experiencia. Por ello, ocurre que muchas no aceptan a personas que hayan sufrido una enfermedad grave antes, como un infarto o cáncer. Y aunque puede parecer razonable bajo un punto de vista capitalista, la ética y la moral están en entredicho. Además, existen malas prácticas abusivas de algunas aseguradoras, que no acaban cubriendo gastos, que escatiman o recortan costes, amparados en las leoninas condiciones de contratos de letras microscópicas.

Los seguros, por su diseño, generan otro problema que se conoce en economía como "selección adversa". Los potenciales clientes con mejor salud (por ejemplo, los jóvenes), prefieren salirse del seguro para ahorrar las altas primas, lo que hace que la población asegurada tenga peor salud que la media y, por tanto, más coste. Ello provoca subidas de precios que, a su vez, incentivan a más personas a salirse. Además, personas no aseguradas son más propensas a contagiar a otras, faltar al trabajo y carecer de medicina preventiva.

De aquí viene la importancia histórica que tenía la reforma de Obama. Entre otras cosas, hacía obligatorio que los empleados tuvieran un seguro médico, y eliminaba las *pre-existing conditions*, para que la población asegurada fuera lo más homogénea posible. Antes de la ley, existían 50 millones de americanos sin seguro, número que ha bajado a 30 millones a mediados de 2016. Precisamente el hecho de "hacer obligatorio" ofrecer seguro médico es lo que más controversia ha generado, donde los republicanos defienden a ultranza la libertad individual (quizás más bien sus poderosos *lobbys*). Se le acusaba de llevar el "socialismo" a la medicina, concepto absolutamente prohibido en un país que parece seguir viviendo en la Guerra Fría.

El problema de que los servicios médicos sean caros es de información asimétrica. Como el paciente normalmente no sabe de medicina, una vez que entra en el hospital, ya no sabe si es necesario lo que le hacen o no, y tampoco hay peritos del seguro que lo comprueben. Por ello, el proveedor médico tiene incentivos a pedir más pruebas de las necesarias y tratamientos más caros, estando su cliente "cautivo". Algunos seguros, para evitar esto, integran su propia red médica, como Kaiser Permanente.

Tampoco es posible comparar precios antes de entrar al centro, como cualquier otro servicio, ya que no son transparentes. Una noche de hospital suele rondar los 10.000USD y una cirugía severa, puede fácilmente superar los 100.000USD. En definitiva, es un sistema diseñado para el abuso y la mala praxis porque los incentivos económicos no están bien puestos.

Respecto a los precios del seguro médico varían según la edad, el Estado en el que se vive y dependientes que se añadan. Lo mínimo que un empleado suele pagar al mes para cubrirse solamente a él ronda los 300USD. A esto hay que añadir *copayments* (co-pagos) que suelen ser de unos 25 dólares por visita, además de otros pagos por distintas situaciones médicas.

Quizás lo peor de todo es la absurda complejidad del sistema, calculadamente enrevesada para que no entiendas lo que estas pagando. Cuando te enfrentes a los seguros y los hospitales tendrás que tratar con multitud de conceptos, siglas, eslóganes, planes, códigos que por supuesto darán por hecho que conoces. Para ayudarte al menos a entender los principales, hemos recogido a continuación los más importantes:

HMO (*Health Maintenance Organization*): Plan de seguro médico en el que sólo un grupo de médicos u hospitales forman parte de la red de cobertura. En este caso, el seguro no cubre otros hospitales o médicos fuera de esta red (excepto en casos de emergencia). Además, si el participante cambia de Estado o incluso ciudad, saldrá fuera de la llamada *service area* y perderá la cobertura médica bajo este plan. En general es más barato, en igualdad de condiciones, que un PPO, ál estar más restringido.

PPO (*Preferred Provider Organization*): Plan de seguro médico en el que un grupo de hospitales y centros forman una red de proveedores médicos preferentes. El seguro cubre tanto estos, conocidos como *in-network*, como cualquier otro centro, *out of network providers*, aunque los costes de estos últimos son superiores. Recomendado para personas que quieran ser atendidos por un médico o centro en particular o que viajen y cambien de residencia a menudo.

Deductible: Es la franquicia o cantidad mínima que debe pagar el empleado por servicios médicos antes de que el seguro comience a hacerse cargo. Por ejemplo, si el *deductible* es 2,000USD y tuvieras un accidente que costase 10,000USD, tú pagarías únicamente 2,000USD y el seguro los otros 8,000USD restantes. El *deductible* se paga como mucho una vez por año. Los servicios preventivos suelen no entran dentro del *deductible*.

Coinsurance: Parte que asume el empleado de su bolsillo como porcentaje de la factura por los servicios médicos cubiertos, una vez haya pagado el *deductible*.

Copayment: Parte que asume el empleado de su bolsillo como una cantidad fija independiente del total de la factura de los servicios médicos cubiertos, una vez haya pagado el *deductible*.

En cualquiera de los dos casos, si todavía no ha llegado al límite del *deductible*, el empleado asume el total de la factura.

Out-of-pocket maximum/limit: La cantidad máxima anual que el empleado pagará por todos los servicios cubiertos por su seguro médico, incluyendo *deductible*, copagos, facturas, etc. Esta cantidad no incluye ni la cuota mensual ni otros servicios que no estén cubiertos por el seguro médico.

Para resumir estos términos, a continuación, se ejemplifica un plan médico.

Imaginemos que sufres un accidente y necesitas cirugía. El precio total de la operación, hospitalización, tratamientos, etc es de 20,000USD y los términos de tu seguro médico son los siguientes.

- *Deductible*: 2,300USD
- *Coinsurance*: 20%
- *Out-of-pocket maximum*: 5,400USD

De esta forma, a ti te correspondería pagar tu *deductible*, 2,300USD, además del 20 % del resto de costes, es decir de 17,700USD (20,000-2,300=17,700USD * 20%), lo que sería 3,540USD

La suma total daría 5,840USD. Sin embargo, como el *Out-of-pocket maximum* es 5,400USD, únicamente pagarías esa cantidad. Cualquier gasto por encima (incluyendo también posteriores otras operaciones, visitas médicas, etc.), lo pagaría todo el seguro siempre que estés dentro de ese año.

Open enrollment: Período del año en el cual los empleados pueden hacer cambios, inscribirse o darse de baja de sus beneficios (seguro médico, dental y otros). Normalmente este período suele abrirse en noviembre y dura hasta finales de diciembre, para así aplicar los cambios a principios del siguiente año. Los empleados no podrán hacer cambios en su seguro hasta el siguiente *open enrollment period*, a no ser que sufran un llamado *qualifying life event*.

Qualifying Life Event (QLE): Cambio vital que permite hacer cambios en el seguro médico en un período de inscripción especial (fuera del *open enrollment*) con una duración de unos 30 días desde que ocurrió el evento. Algunos ejemplos serían: tener un bebé, casarse, empezar nuevo en el trabajo o perder el seguro médico que se tenía.

Waiting Period (Job-based coverage): Tiempo de espera que las empresas suelen exigir a los nuevos empleados (normalmente de 1 mes) antes de permitirles inscribirse a los beneficios (seguro médico, dental, etc.).

Preventive Services: Servicios médicos de prevención o chequeos rutinarios, como puede ser una revisión ginecológica anual.

Prescription Drugs: Medicamentos en los que es necesario presentar receta médica para poder comprarlos. En estos casos, el seguro médico suele pagar una parte del medicamento. Esto es importante puesto que las medicinas con receta médica en EEUU suelen ser bastante caras. por ejemplo, un simple colirio para tratar la conjuntivitis, puede costar unos 300USD.

Generic Drugs: Medicamentos genéricos que tienen los mismos componentes que otros medicamentos de marcas reconocidas, pero que suelen ser bastante más baratos. En caso de poder elegir, siempre es recomendable pedir al médico que se recete un medicamento genérico, pues es más barato y debería funciona igual que uno de marca.

Primary Care Physician o Family Doctor: Se refiere al doctor de cabecera, es decir, el profesional de medicina general que lleva al paciente y deriva a otros doctores según la sintomatología. Será el punto de partida para que se derive al especialista.

Urgent Care: Sala de emergencias por enfermedades o accidentes que requieren atención rápida, pero en los que la vida de la persona no corre peligro o no es tan severo como para que se necesite atención inmediata. En caso de atención inmediata o peligro de muerte, se debe acudir a la *Emergency Room*. Para ser atendido en la *Urgent Care*, se ha de justificar tener seguro médico que reconozca el centro, u otra forma de pago como tarjeta de crédito.

Emergency Room: Servicios de emergencia para cuadros clínicos severos (romperse una pierna, infarto al corazón, etc.). Es importante entender la diferencia entre ambas, si el paciente no está muy grave, es mejor acudir a la *Urgent Care*, pues la *Emergency Room* siempre es más cara. Por el contrario, no te pedirán justificante de pago *up-front*, por ello es el recurso utilizado por personas sin seguro y con pocos medios.

COBRA (Consolidated Omnibus Budget Reconciliation Act): Ley federal que permite mantener el seguro médico a través de la empresa por un determinado período de tiempo (normalmente 18 meses), una vez haya finalizado el empleo. También cubre a personas que han perdido el seguro médico como dependientes (por ejemplo, porque el seguro del marido cubría a la esposa, y al perder el trabajo, la esposa también pierde el seguro). En este caso, si la persona elige continuar el seguro médico a través de COBRA, deberá pagar el 100% de la cantidad, es decir, asumir también la parte que pagaba la empresa, más un *administrative fee*. Gracias al COBRA, los ex trabajadores suelen tener mejor precio de seguro que si lo contrataran por su cuenta, debido al mayor poder negociador de la empresa.

FSA (Flexible Spending Account): Este *benefit* es ofrecido por muchas empresas y permite eliminar los impuestos al pagar por las *out-of-pocket medical expenses* (son *tax-free dollars*). Incluye compras de utensilios médicos (agua oxigenada, tiritas, etc.), medicinas o *copayments*. En este caso el empleado elige una cantidad que cree que gastará durante todo el año para FSA. El empleador entonces, dividirá la cantidad por el número de pagas (si pagan dos veces al mes, serían 24) y hará la deducción correspondiente en cada *paycheck* (*pretaxed*, es decir, antes de impuestos). Si el empleado no ha gastado toda la cantidad elegida a principios de año, perderá el remanente.

HSA (Health Savings Account): Beneficio que permite al empleado depositar parte de su paga antes de los impuestos para pagar por las *out-of-pocket medical expenses*. A diferencia del FSA, este tipo de beneficio funciona como una cuenta de ahorro, en la que el empleado va depositando cierto dinero al mes (que es deducido de su paga antes de impuestos) y que va acumulando para usar cuando quiera. Este dinero es propiedad del empleado, es decir, si cambia de empresa, lo llevaría consigo y, además, no perdería el dinero si no lo ha gastado a finales de año, sino que puede mantenerlo en la cuenta y ganar interés en la misma. Este beneficio únicamente sirve para *high deductible health insurance plans*, es decir, seguros médicos con franquicias altas.

Conclusiones

- ✓ La sanidad en EEUU es muy cara.
- ✓ Es importante tener seguro médico para evitar problemas financieros si ocurre un problema médico.
- ✓ Hay dos tipos principales: HMO y PPO.
- ✓ Las empresas suelen ofrecer seguro médico como *benefit*.
- ✓ Es un sistema complejo, con contratos y términos difíciles de entender al principio.
- ✓ Medicare y Medicaid son dos seguros públicos que aplican, en general, a residentes permanentes.

CAPITULO 18

Welcome y'all

Los próximos tres capítulos se dedicarán a la sociedad americana, tratando de descifrar porqué hay cosas que resultan tan curiosas para los que vienen de fuera. Se tratarán generalidades, tópicos e ideas generales, siempre bajo una óptica personal, y, por lo tanto, sesgada y discutible. Que nadie se sienta ofendido.

En general y hasta ahora, la sociedad americana siempre ha sido muy receptiva con culturas distintas. Ello es fruto, sin duda, de la gran mezcla de habitantes con distintos orígenes que han formado el país. Es común escuchar la metáfora del *melting pot*, diferentes culturas fundiéndose en una sola.

Si bien ello no quiere decir que sepan situar tu país en el mapa, ya que la cultura geográfica es sorprendentemente baja. La educación y el ciudadano medio están volcados hacia el interior. Las noticias apenas hablan de sucesos extranjeros y lo que suele llegar de fuera, aparte de tópicos, son chascarrillos de algún conocido que visitó Europa o Sudamérica en su *honeymoon*. Lo de fuera sólo es interesante porque es exótico, y lo habitual es centrarse en su inmenso y variado país. Las vacaciones típicas de un americano, 10 días al año, tampoco ayudan a viajar lejos. Sólo un 40% de los americanos tienen pasaporte, que, en general, perciben el exterior como peligroso.

No obstante, sí que aprecian las sutiles diferencias de acentos entre las distintas partes del país, en especial del sur, con acentos y palabros muy particulares, como *y'all* o *ain't*. También van a notar pronto que tu acento no es de allí, y no tendrán reparo en preguntarte de dónde. Aunque pueda haber una gran población de hispanohablantes, el idioma predominante es el inglés, y tienes que aprenderlo. Es el idioma de los negocios, de los trabajos y de la vida en general. El castellano se ve como anecdótico, incluso quizás algo peyorativo, como el idioma de la gente trabajadora. La fuerte inmigración Latinoamericana es el resultado de ello, que se esfuerza porque sus descendientes pierdan incluso su idioma nativo, para superar el estigma. No es raro que segundas generaciones de Latinoamericanos, tristemente, no hablen nada de español. Es algo que parece estar cambiando en los últimos años, donde lo Latino también está de moda.

Por ello, aunque te puedas defender en español, tendrás que hablar inglés correctamente para conseguir trabajo y adaptarte al país. En los *Community Collage* y *High Schools*, suelen ofrecer clases de inglés para adultos, muchas veces gratis o casi gratis. Los cursos se llaman ESL (*English as a Second Language*). Ver la televisión en inglés con o sin subtítulos, es un pequeño esfuerzo diario que, a la larga, mejorará mucho tu comprensión y manejo. Luego te darás cuenta que siempre usan las mismas expresiones: *awesome, cute, nice, cool, sure, sorry, come on, really? No way.*

La historia americana la tienen muy interiorizada y es uno de los pilares de la educación primaria. Ello confirma su nacionalismo cívico representado por los emblemas nacionales: la bandera (barras y estrellas) y el águila calva (de impresionante tamaño). Por cierto, es un delito federal matar un águila; algunos problemas ha traído esto a los generadores eólicos...

De todo lo ocurrido en la formación del país, la historia ensalza, y quizás sobre pondera, su origen a partir de los primeros pioneros en la costa este, que crearon las trece colonias británicas. Por ello, los días de mayor celebración son el 4 de Julio, día que se proclamó el día de la Independencia Americana de Gran Bretaña en 1776, y el día de Acción de Gracias.

El día de Acción de Gracias, *Thanksgiving* o *turkey day*, conmemora la ayuda que recibieron los primeros pioneros de los nativos americanos en los primeros años de colonización, ya que estos les ayudaron a sobrevivir los duros inviernos en aquel inhóspito Nuevo Mundo. Se celebra cada año el cuarto jueves de noviembre y es el mayor y único puente que (algunas empresas) celebran. Es un día para juntarse con la familia y compartir momentos en torno a una copiosa cena, siendo una celebración laica, quizás el secreto de su éxito. El plato típico es el pavo asado (*turkey*) que se sirve con varias salsas (de arándanos, *gravy*...) y complementos como las ricas *mashed potatoes*. También es el pistoletazo de salida del *Black Friday*, el día de las compras masivas antes de Navidad. Los *stores* abren la noche o madrugada del mismo jueves, ofreciendo buenos descuentos a los *block-busters*, clientes que esperan pacientemente en la puerta haciendo cola para coger las mejores ofertas. La electrónica y moda suele ser lo más comprado. Si te pierdes el día, tienes otra ocasión en el siguiente lunes, llamado *Cyber Monday*, que ofrece descuentos para compras online. Ese fin de semana es muy importante para la economía estadounidense, ya que está basada en el consumo interno.

Otra fiesta tradicional es Halloween, que celebra el día de los muertos o santos. La conquista cultural ya ha exportado esta celebración a muchos otros países, en detrimento del carnaval. En Estados Unidos es costumbre disfrazarse y hacer desfiles.

Los eventos deportivos también son motivo de celebración, en especial la *Super Bowl*, la final del *american football*, que es el evento más visto del país. Junto con el baloncesto, el béisbol y el hockey sobre hielo, son los deportes por excelencia en EEUU. Las cuatro ligas, más las series universitarias, se van superponiendo para que siempre haya un espectáculo que ver. El deporte es muy seguido, encajando perfectamente en la cultura del esfuerzo, la suerte y las mega estrellas, que tanto gusta en la sociedad americana.

La religión tiene un peso muy importante a nivel de congregación e iglesia, pero apenas influye en la sociedad civil, que respeta todos los cultos. No obstante, sí que quizás se ha heredado un puritanismo que sorprende sobre todo a los europeos. Es llamativo porque persiste la tradición de mantener las apariencias. Hay cosas que están muy mal vistas en la sociedad americana, como hablar de sexo en público (incluso puede suponer hasta un delito de *sexual harassment* en entornos laborales), beber alcohol en el trabajo o mostrar insultos o contenido sexual en la televisión. Es famoso el pitido que suena cuando se dice una palabrota en pantalla, pero es que, incluso, difuminan la boca de quien lo dice para que no se puedan leer los labios. Hay ciertas palabras y expresiones que no se deben usar un público y, en general, hay que expresarse de forma muy dulcificada y con muchos rodeos. Está mal visto ser directo y emotivo, cosa que muchas veces exaspera en las relaciones personales. Por ello, es difícil intimar y hacer buenos amigos, si bien todos serán muy amigables y abiertos en los primeros encuentros.

De igual forma, también llama la atención la enorme distancia personal que necesitan. Acercarse mucho al hablar y tocar, aunque sea sutilmente, es para ellos muy embarazoso. Tampoco es nada apropiado dar besos en las presentaciones personales, dar la mano es más que suficiente. Cuando mejores la relación, te darán una especie de abrazo rápido con la cara girada para evitar cualquier roce "perturbador".

Sin embargo, por otro lado, los Estados Unidos albergan el centro de ocio adulto y alocado más grande del mundo, Las Vegas, cuyo lema es *What happens in Vegas stays in Vegas*. El Estado de Nevada no sólo tiene los casinos más grandes del mundo, además es de los pocos que permite a los clubs cerrar más tarde de las 3:00AM, beber en la calle, la prostitución y, también, el *topless* en las piscinas. Por ello, es el destino turístico número uno del país, ya que en el resto de Estados todo ello está prohibido en general. Hablamos del país que prohibió el alcohol durante 13 años, la famosa *ley seca* de Al Capone y compañía. Por cierto, vuelven a estar de moda los *Speakeasy*, peculiares bares clandestinos que servían alcohol de forma ilegal.

Los Estados Unidos son también líderes mundiales en la producción de pornografía y en consumo de drogas. Tampoco es raro, ni está mal visto, que grupos de amigos (y amigas) vayan a *stripclubs* cuando salen de juerga, donde bailarinas danzan desnudas a cambio de dólares. Vicio sí, pero cada cosa en su sitio. Tampoco está mal vista la violencia explícita, ni el uso de armas, de lo que el cine abusa.

Esta doble moral, común del mundo anglosajón, es característica del país, que, como se verá más adelante, es muy estricto en el cumplimiento de las normas. Quizás ello sea una de las razones de su éxito como sociedad, si bien, las costumbres europeas y latinas, más distendidas, son envidiadas y censuradas a partes iguales.

Conclusiones

✓ La población americana está volcada al interior, no muchos viajan fuera de las fronteras.
✓ El idioma predominante es el inglés, que tendrás que manejar bien. Ciertos sitios ofrecen clases gratuitas.
✓ El 4 de Julio, *Thanksgiving* y *Halloween* son las fiestas más importantes del país.
✓ El futbol americano, baloncesto, béisbol y hockey son deportes muy seguidos y populares.
✓ En general son fríos en las relaciones, mantienen una prudente distancia personal.
✓ Separan claramente el lugar y el momento para el trabajo y la seriedad, del de la fiesta y libertinaje.

CAPITULO 19

Fake it till you make it

El éxito personal es lo más glorificado, anhelado y perseguido por los americanos. Y si no lo tienes, vive como si lo tuvieras. No vaya a ser que seas el único sin lograr el *American Dream*. Lo mismo mintiéndote, resulta que al final sí lo consigues, y si no, qué más da, para ti ya lo habrás alcanzado. Cree en ti. Las redes sociales han sabido aprovechar ese sentimiento, son el escaparate de la vanidad humana.

La imagen que se trasmite por el cine y que realmente se vive, es de optimismo, de triunfalismo, de que realmente somos los mejores, y eso lo tienen interiorizado desde pequeños. La educación procura que los niños se sientan importantes, respetados, potenciando la iniciativa, aunque sea errónea. Practican hablar en público y la sana competencia, y el profesor es más un guía que un sabio inapelable. Les enseñan a no rendirse, trabajar y arriesgarse, además de cumplir las normas y manejarse por sí solos. Si se caen, se han de levantar por sí mismos. En USA, *never, never, never give up*.

Otra cosa que tienen en su ADN es la orientación al cliente y a las ventas. Todos llevan un vendedor dentro y entienden que de su capacidad de negociar, publicitar y convencer dependerá la ganancia. Casi de forma innata, hablan bien en público y están cómodos con un cierto nivel de riesgo en su fuente de ingresos. La orientación al objetivo y la ambición por el dinero se premia con *bonus*, habituales en la estructura salarial. El caso extremo son los camareros, cuyo salario está basado en parte en las propinas o *tips*, siendo el 15% habitual. Esto hace que se desvivan por atenderte, a veces siendo hasta excesivo la cantidad de veces que te preguntan qué tal está todo. Te rellenarán el vaso de agua casi hasta que te ahogues.

De igual forma, la ganancia es moralmente lícita si es resultado de su esfuerzo o creatividad individual. No ven nada bien las subvenciones del Gobierno, que, en general, no existen. Por ello, muchos rechazan también la sanidad universal, la educación gratuita y los subsidios de desempleo. La única intervención de la Administración es a base de *tax credits*, o reducciones impositivas. Las bases de su liberalismo se asientan en la honestidad y el egoísmo, no quieren nada de otros ni tampoco dar nada a otros, *obligatoriamente*. En general, el Gobierno no debe inmiscuirse en los asuntos privados. La filosofía moral de la parte más republicana descansa en Ayn Rand (con su libro *Atlas Shrugged*), y hasta en la Biblia.

Esa postura lleva a la clase media a salir perdiendo muchas veces. Ya que todos creen que están mejor que la media, prefieren no ceder su riqueza en impuestos y que el gobierno no les regale nada. Por ello tienen una carencia de infraestructuras básicas alarmante (casi ni existe el tren de alta velocidad, las calles están penosas), y sobreviven a una sanidad totalmente abusiva y cleptómana. En muchos países es justo al contrario, la clase media cree que sale ganando con lo que el gobierno les regala, sin pensar que realmente lo están pagando de sus impuestos, muy por encima de su precio en muchas ocasiones.

Los Estados Unidos son el país del marketing, de convencer de que realmente necesitas algo que no quieres. La publicidad es ubicua y pocas cosas están pensadas para no sacar dinero de ellas. Eso es en parte lo bonito y lo horrible de la sociedad americana. Todo parece muchas veces artificial y superficial, carente de tradición y humanidad. Los *slogans* magnifican los productos con afirmaciones de dudosa veracidad y más difícil comprobación, todo es *the most, the best, the biggest, the greatest...in the world.* Go big or go home es el lema nacional. Todo es realmente una herramienta para sacar dinero, eso sí, lo pagarás con gusto. Como consumidor no hay sitio mejor, te tratarán de forma excelente para que vuelvas a comprar, para que la experiencia sea memorable.

Por ello, si algo no te gusta y te quejas, casi seguro que te compensan de alguna forma. Y sino, un truco es llamar al supervisor, que tiene poder para hacer posible lo que parecía imposible. Si no te gusta un plato en un restaurante, pide otra cosa, te la traerán sin coste y sin discutir. Los precios están puestos, en general, para que se negocien. No tengas vergüenza en pedir un descuento, incluso en servicios que parecen tan rígidos como el telefónico. Los cupones de descuento son muy habituales, hoy en día a través de códigos online. Búscalos en páginas como *retailmenot* o *coupon* para cualquier compra y con suerte encontrarás descuentos brutales en entradas, ropa o electrónica. Ello te hace pensar el margen que deben sacar en las cosas.

Los negocios dan una imagen de avanzar rápido, de maximizar el ingreso y apretar por conseguir *cash* cuanto antes. Las transacciones son rápidas y el dinero se mueve con fluidez. El lenguaje es rápido, se abrevia con numerosas siglas. Los americanos son muy derrochadores y no tienen tiempo que perder. Por ello quizás, ha triunfado el *fast food*, dado que muchos cobran por hora, no tienen tiempo para preparaciones ni cosas superfluas a la hora de comer. Proteínas y carbohidratos rápido. Vive hoy y ya pensarás en el mañana. No obstante, cada vez está más de moda lo natural y lo *healty / organic*, eso sí, porque cambiar esos hábitos también es un negocio inmenso.

A veces de tanto *Fake it*, se pasan. La avaricia y el egoísmo exagerados en ocasiones resulta en catástrofes que pueden afectar a pocas o a muchas personas. El ansia por generar beneficios ha llevado a

"Estados Unidos también es el país de los charlatanes y telepredicadores.

empresas a sobrepasar las leyes y la moral, mintiendo e inflando la burbuja hasta que pincha. Uno de los casos más espectaculares fue Enron, pero hay y habrá muchos más, como dejan constancia las magníficas películas que hacen de ellos (por ejemplo, The Wolf of Wall Street, Pain and Gain, Catch me If you Can, War Dogs, Wall Street, Boiler Room, The Big Short …). Estados Unidos también es el país de los charlatanes y los telepredicadores sin escrúpulos. La mejor manera si tienes sospechas es buscar en internet el nombre de la empresa seguido de *"scam"* o *"rip-off"* y leer lo que sale. Verás que sorpresas.

A nivel de país también ocurre, como la reciente burbuja inmobiliaria o la anterior de las *dot.com*. En mi opinión, es algo inherente al capitalismo, al igual que la especulación en bolsa, donde los mejores informados calientan las expectativas para que siga entrando dinero e inversión, disparando el precio. Cuando esta alto, y mientras sube, van vendiendo hasta que el castillo de naipes se desmorona. Y esto aplica a cualquier bien. Curiosamente la primera burbuja que se recuerda ocurrió en Holanda en 1600, y fue por ¡tulipanes! ¿Cuál será la siguiente? La de los Unicornios, la educación universitaria, la sanidad...

Es también chocante que los *lobbys* sean legales y tan públicos. Resulta muy ingenuo suponer que las empresas y organizaciones que pagan las costosas campañas de los congresistas y senadores no vayan a sacar beneficio legislativo de ello. Es algo descarado de donde provienen las posiciones que defiende cada político. Basta con entrar en la web *opensecrets.org* y ver quién paga a quién. Ello, al final, conlleva a que las diferencias entre ricos y pobres sean cada vez más acusadas; como está ocurriendo en otros países donde el lobby, que también existe, es opaco. Es un hecho que la desigualdad aumenta, y eso es el alimento del populismo, que sin duda ha influido en las recientes elecciones. La creciente desigualdad será uno de los vectores que cambiará el futuro.

Conclusiones

- ✓ Los americanos proyectan una imagen de éxito personal, que persiguen a toda costa.
- ✓ Tienen una innata orientación al cliente, los negocios y la venta.
- ✓ Se premia el esfuerzo y se anima a no rendirse nunca.
- ✓ El premio se entiende como algo individual, no les gustan las subvenciones del gobierno ni pagar impuestos por ellas.
- ✓ La publicidad y las prácticas de venta a veces son abusivas, pero la atención al cliente suele ser excepcional.
- ✓ Algunas empresas abusan y se convierten en timos.
- ✓ Y otras crean e inflan burbujas legales hasta que explotan.
- ✓ Los *lobbys* son legales y públicos, financian campañas y consiguen ventajas legislativas.

CAPITULO 20

Sin perdón (It's the policy)

Muchas veces te dedicas a pensar que es realmente lo que hace que EEUU, y no tu país, sea la primera economía mundial. Seguro que es una combinación de factores como la disponibilidad de recursos, el tamaño del mercado, la avaricia de éxito, la educación, la meritocracia, etc. Pero todo ello son cosas que también encuentras en otros lugares. Lo que marca el factor diferencial es que, además de lo anterior, respetan las leyes y tienen obsesión por seguir las normas.

El respeto a las leyes y el hacer cumplirlas sin piedad, ha permitido que un país inmenso, formado por los excedentes de inmigrantes de otros países y con acceso a las armas, no sea una jungla de corrupción, sino que encima, sea la primera potencia mundial. Las normas, leyes y *policies* aplican desde el Gobierno hasta la empresa más pequeña. Ello permite que puedan crecer como organizaciones sin desmadrarse, que cada profesional se ciña al papel para el que ha sido contratado y que hace mejor, y que el producto y servicio sean homogéneos. Es aplicar el *fordismo* a todo, hasta que a veces te parezca que tratas con robots. Walmart emplea a un millón y medio de personas, y seguro que está mejor organizada que países más pequeños.

Las leyes no son muchas, pero se hacen cumplir con fuertes multas y penas. Además, el *enforcement*, es decir, vigilar porque la norma se cumpla, es estricto. La cultura mediterránea y latina es justamente lo contrario, muchas leyes que pocos vigilan y menos cumplen. Hasta hay un refrán que dice "echa la ley, echa la trampa". Por ello, no es raro que en los primeros meses que conduzcas acabes con varias multas. Las pequeñas dejadeces (pasarse unos minutos en el tiempo del parking, conducir algo por encima del límite, saltarte un stop…) se vigilan, y te van a pillar. Hasta te pueden multar por cruzar andando por donde no debes, el famoso *jaywalking*.

A nivel profesional las empresas están también bien vigiladas. No sólo por auditorías, también internamente. Los chivatos o *whistlerblower* son recompensados con importantes sumas de dinero, porcentaje del nivel de la estafa. Ello es un buen incentivo para la vigilancia interna. Muchos trabajos se pueden ejercer sólo con licencia, como lo médicos. Malas prácticas en ellos pueden acabar con el profesional condenado y sin poder ejercer nunca más. (recordemos al doctor de Michael Jackson).

Hay un concepto que se emplea mucho a nivel corporativo y es el de *liability* o responsabilidad. Las personas y empresas siempre están pensando en las consecuencias legales y penales que pueden tener sus actos. Ello hace que en muchas ocasiones tengan una sorprendente e irritante aversión al riesgo. Es por ello que, como se comentó, eviten salirse de las tareas para las que les han contratado. O que tengan dificultad y recelo para trabajar con empresas extranjeras, a las que los tribunales americanos no les pueden juzgar. Mucha gente no querrá ni acercarse a los bordes de ley, y por ello, por ejemplo, es complicado encontrar empresas que *sponsoricen* visados.

La cultura, en general, es de cumplir las leyes. No está tampoco bien visto socialmente no hacerlo ni jactarse de ello. No les gusta que alguien se crea más listo o espabilado y no juegue *by the book*. Entienden correctamente que, no cumplir una ley, o defraudar impuestos, les afecta personalmente de alguna forma, aunque sea poco. Sin embargo, ello no evita que estrujen las leyes existentes para sacar su máximo provecho, hasta hay profesiones dedicadas a ellos como los *attorneys* o abogados. La ética es algo diferente y quizás escaso.

No obstante, los castigos se aplican sin piedad, hay poca compasión para el que se demuestra culpable, sea quien sea y lo importante que haya sido. No hay indultos políticos ni personajes que se libren. La pena de muerte y la cadena perpetua siguen en vigor en muchos Estados. A veces resulta hasta morboso la caza de brujas, como, por ejemplo, el famoso *impeachment* a Clinton. Hay programas muy famosos de televisión de juicios y de policías, donde las figuras del *police officer* y el FBI salen engrandecidas. Además, todas esas faltas o *minor crimes* pueden quedar en tu expediente y aparecer en el *background check*, cuando apliques a un trabajo.

Ello también hace que al final se viva un poco con miedo. Y el miedo es una forma poderosa de control. De esta forma se pueden justificar los inmensos recursos públicos que se dedican a Defensa. La gente es muy reacia, en general, a saltarse cualquier norma, por pequeña que sea, lo que a veces hace la vida un poco incómoda, carente de espontaneidad. Hay muchos ejemplos de chiquilladas que acaban en penas exageradamente duras.

Por otro lado, también resulta sospechoso que las cárceles sean privadas, es decir, los Estados pagan a empresas por retener a los malos ciudadanos. Los presos acaban trabajando en ellas para ganar buen comportamiento, eso sí, a salarios que no superan el dólar por hora. Estas mismas empresas, cotizadas en Wall Street, después hacen lobby por leyes más estrictas y condenas más largas. Quizás por ello EEUU es el país del mundo con más presos y el segundo con más presos *per cápita*. Se hace negocio hasta del castigo. También hay un debate respecto al mayor porcentaje de población de razas negra y latina que ocupa las prisiones, resultado de las diferencias sociales y económicas que persisten en el país. Las *supermax prisions* son famosas por su seguridad y dureza.

A nivel menos severo, casi todos los trabajos dejan poco a la improvisación. Cuando empiezas a trabajar recibirás un extenso manual del empleado (el *employee handbook*) con lo que tienes que hacer en cada situación, siguiendo la *company policy*. Cuando la situación está fuera de esos casos, se suele escalar a un superior con mayor capacidad resolutiva. En la definición de esas políticas entra en juego los departamentos de Recursos Humanos, que tienen bastante importancia y personal en las empresas.

La gente no suele discutir en la calle y es muy raro ver una pelea. El motivo es obvio y es algo que también modela la sociedad: es fácil tener y llevar armas de fuego. Por ello también los policías son estrictos y muchas situaciones se vuelven tensas. Si una policía te para en el coche al grito de *Pull Over!*, mantén en todo momento las manos en el volante y no hagas gestos extraños. Está en su derecho si te pega un tiro porque pensaba que ibas a sacar un arma.

El tema de las armas podría dar para otro capítulo entero. Resulta muy llamativo para un extranjero que un país avanzado permita a sus ciudadanos la tenencia de armas. Y más con los frecuentes casos de personas mentalmente inestables que acaban a tiros en las universidades o trabajos. Ocurre más frecuentemente de lo que las noticias internacionales relatan.

La población está en su mayoría a favor de las armas. En su ingenuidad creen que ello les permite defenderse mejor de los que tienen armas para un mal uso. Es un pensamiento que se alinea con el individualismo y la libertad personal. La tenencia de armas es hasta un derecho constitucional (*Second Amendment*) fruto de su reciente creación como país, cuando tan sólo hace 200 años tenían que defenderse de los indios que ocuparon. También está relacionado con la filosofía más conservadora de que el Gobierno no debe entrometerse en las decisiones personales. La realidad de todo ello es que hay un poderoso *lobby* detrás, empujando por motivos meramente económicos. El cine quizás también abusa de la violencia.

De todas formas, Estados Unidos se considera un país en guerra. Y es verdad que prácticamente desde su creación siempre ha estado envuelto en algún conflicto. Desde la Guerra Fría donde el enemigo era el comunismo, hasta la actualidad, donde es el terrorismo islámico. Bien haya sido por necesidad o forzándolo, siempre ha habido alguno motivo para desplegar su fuerza militar, llevando la libertad y la democracia a sitios lejanos que quizás no la habían pedido. El *lobby* del armamento también es muy poderoso, teorías de la conspiración aparte.

No obstante, el respeto social por los veteranos de guerra es enorme. En los partidos de cualquier deporte les suelen aplaudir antes de empezar y siempre tienen detalles con ellos, como descuentos o sitios preferentes. Otra cosa es que compensen económicamente las penalidades que han pasado y las heridas de guerra con que regresan, muchas psicológicas (el famoso PTSD). Los soldados suelen provenir de las capas sociales más desfavorecidas, jóvenes con la esperanza de poder pagar la universidad a la vuelta.

Si todo esto te ha dejado el cuerpo estresado, no te preocupes. Para compensar, muchos Estados están abriendo la puerta al consumo de marihuana. En muchos la excusa es por temas médicos, como relajante natural. De ello desde luego abusan muchos antros con peculiares doctores. Las fuerzas económicas ya están alertadas para crear un negocio millonario de un producto de demanda adictiva. Quizás en algunos años veamos la marihuana disponible en tantos sitios como el tabaco. También esto resulta curioso en un país tan puritano y estricto para otras cosas.

Conclusiones

- El respeto y la vigilancia por cumplir las normas es estricto.
- No está bien visto socialmente saltarse las normas.
- La tenencia de armas de fuego modela una sociedad basada en el miedo.
- Estados Unidos se considera un país en guerra.
- El respeto por los veteranos es enorme.
- La marihuana está cada vez más permitida.

Go Big or Go Home

CAPITULO 21

El Retorno

Vivir fuera de tu casa no es fácil. Te llevará meses adaptarte a la nueva cultura, usos y costumbres locales. Necesitarás años para integrarte y décadas para sentirte como un local. En EEUU quizás nunca llegues a sentirte de allí, aunque consigas la nacionalidad. Su cultura anglosajona, individualista y, a veces, hasta agresiva, no encaja bien con ciudadanos del resto del mundo, usualmente con valores más familiares y sociales.

Por ello, y por muchas otras razones, cuando lleves varios años fuera, quizás empieces a echar de menos muchas cosas de tu país de origen, del que quizás te fuiste hastiado y atraído por la fantástica imagen que proyectan los EEUU. Ten en cuenta que, viajar de visita a tu país no va a ser fácil, por las grandes distancias, los largos y caros vuelos y los escasos días de vacaciones que se conceden.

Es muy posible que, llegado un día, te plantees volver. En nuestra opinión, que es muy personal, quedarse a largo plazo en

EEUU tiene sentido si consigues la residencia permanente, tu desarrollo profesional es fantástico o te unen lazos más fuertes como el amor.

Los Estados Unidos no es país para viejos, es un sitio para ir *up or out*. La sanidad, lo caro que se vuelve todo, las distancias, lo artificial de las relaciones, la dureza de los castigos, el mercantilismo en todo... hace que sea un sitio a veces agresivo para vivir. Eso sí, por supuesto, también puedes encontrar la felicidad allí.

En todo caso, volver no es ningún demerito, aunque algunos lo puedan ver así, no es una derrota. Vivir en Estados Unidos no es una meta, es parte del camino que cada uno vivimos. Como experiencia personal es grandioso. Hay que quedarse con las cosas buenas, la mentalidad positiva y empresarial, las ganas de luchar, el optimismo de la gente, las ganas de probar cosas nuevas.

Volver tampoco será fácil. Aunque hayas pasado varios años, a veces sentirás como si no te hubieras ido, cómo si hubiera sido un sueño. Quizás esperes que en tu país te reciban con los brazos abiertos, en general no será así. Es probable que al principio tengas la sensación de ser extranjero en tu propio país, lo que se suele llamar finamente *reverse cultural shock*. Los amigos y familia que hayas dejado allí habrán cambiado, y tú tampoco eres la misma persona. Ellos se han adaptado a tu ausencia, han hecho nuevos amigos y se habrán despegado. En cierta forma te envidiarán y despreciarán tus historias de USA, que quizás sobre valorarás.

Tú también tendrás otros valores y costumbres, y retumbará con más fuerza aquellas cosas que no te gustaban de la cultura de tu país, y que seguirán igual. Es posible que te sientas algo solo en este proceso. Intenta buscar personas en tu situación o extranjeros; ellos te entenderán, y encontrarás puntos en común. Es posible que sientas nostalgia de USA y quizás hasta cierto arrepentimiento de haber vuelto. Sentirás aburrimiento, ser malentendido e incapaz de aplicar lo que has aprendido y las ideas que traes contigo. Los sentimientos se vuelven confusos, pero recuerda que los motivos que te trajeron son probablemente más fuertes.

Sin duda habrás mejorado mucho como profesional, con dominio del inglés, experiencia internacional y quizás algún título americano, y ello te ayudará a encontrar trabajo a la vuelta. Sin embargo, quizás veas que todo ello no se reconoce al nivel que tú crees que debería, tras tanto esfuerzo. Ten en cuenta que cuanto más tiempo hayas pasado fuera, más habrás perdido el hilo de lo que ha pasado en tu país. Las empresas buscan soluciones y profesionales que encajen lo más posible con los requisitos del puesto. Por ello competirás con personas cuya experiencia reciente haya sido muy similar a lo pedido, aunque sean individuos menos preparados globalmente. O, al contrario, puede que a muchas empresas les impresione tu curriculum tanto que tengan miedo a no poder retenerte.

En general, ten paciencia a la hora de volver a encontrar empleo en tu país, puede que no sea inmediato. Tú estás destinado a puestos más relevantes, y toma su tiempo hasta que esas oportunidades surgen. Intenta buscar y orientarte hacia organismos con negocios internacionales, en especial en EEUU, donde tu experiencia será mucho más valorada. Aplica el buen marketing, el optimismo, las ganas de luchar y el *fake it till you make it* que has aprendido en América. Eso es realmente lo que traes contigo. Hay muchos valores americanos que sin darte cuenta habrás incorporado en ti y que seguro chocarán con la cultura empresarial de tu país.

Para los comienzos, investiga las ayudas que tu país puede ofrecer a los emigrantes que vuelven. Algunos países, como España, ofrecen un pequeño desempleo por haber cotizado en EEUU (el paro del emigrante retornado). Otros ofrecen cursos, bolsas de empleo y pequeñas subvenciones para ayudar con la vuelta. Es importante preguntar en tu Consulado antes de volver, para ver los trámites necesarios.

Conclusiones

- ✓ Volver es parte del camino, no una derrota.
- ✓ Te costará volver a adaptarte a tu cultura, todo habrá cambiado, incluido tú mismo.
- ✓ Saca partido a lo que has aprendido y ponlo en el contexto cultural de tu país.
- ✓ Quizás tardes en encontrar empleo de nuevo, la experiencia de USA no siempre es aprovechable.

CAPITULO 22

At the end of the day

Esto es todo. Han sido muchos párrafos y demasiados capítulos. Como advertimos, emigrar a EEUU no es fácil y la muestra es la cantidad de información que hemos presentado en este libro.

Que te interese ir a EEUU ya dice muchas cosas buenas de ti. Sólo el hecho de intentar emigrar a EEUU ya hace de ti ser un poco americano. Porque como muchos inmigrantes antes de ti, EEUU es el país de las oportunidades si trabajas realmente duro, probablemente más de lo que trabajarías si no tomaras la decisión de ir.

Ese es el secreto del *American Dream*, trabajar duro, estar hambriento de éxito y tener a la suerte de tu lado. Nada está garantizado, pero hay que ser optimista de lo que pueda venir. Pero eso es así, tanto para ti que eres de fuera, como para cualquier americano nacido allí.

Y eso ellos lo saben. Incluso se han hecho estudios sobre ello. El famoso *Pew Research Center* estimó que el 57% de los americanos piensan que el éxito depende de factores que ellos pueden controlar (mientras que sólo el 31% de los alemanes piensan lo mismo).

Eso también se ve confirmado con el complejo estudio de las dimensiones de Hofstede. Los EEUU puntúan por debajo de la media mundial en *Uncertanty Avoidance* y *Long Term Orientation*, lo que da una idea de que están más cómodos con la incertidumbre del futuro que la media y que se orientan al corto plazo.

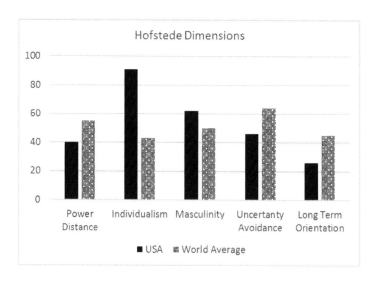

El mismo estudio remarca algunas de las opiniones que se han visto en capítulos anteriores. EEUU es el país que más puntúa en *Individualism*, ya que están más centrados en sí mismos que en lo colectivo. Respecto a aceptar la jerarquía y la autoridad como preestablecida (*Power Distance*), están por debajo de la media, ya que sienten que pueden progresar en la sociedad y que todos nacen iguales. Ello también se refuerza en *Masculinity*, puesto que es una sociedad que valora el éxito y lo logros en un ambiente de competición, más que el cuidado de otros y la calidad de vida.

Estos valores son lo que EEUU cambiará en ti. La competición, el trabajo duro, la búsqueda constante de oportunidades, la convivencia con el riesgo y, en definitiva, salir de tu zona de confort en muchos aspectos, harán que mejores como persona. Es un gran entrenamiento en el país más capitalista del mundo. Eso es realmente lo que significa emigrar a EEUU y con lo que has de quedarte. En la vida no se gana o se pierde, se gana o se aprende.

Emigrar siempre ha sido difícil. No olvides que muchos han venido como *indentured servants*, o incluso peor, como esclavos. Y se enfrentaban a un nuevo mundo lleno de peligros e incertidumbres. Actualmente vivimos en una sociedad con gran acceso a la información, por lo que al menos puedes saber a lo que te enfrentas. El problema de la información es su enorme abundancia y la distorsión que toda opinión produce.

Resumiendo, emigrar a EEUU es difícil hoy en día por la complejidad para obtener un visado que permita trabajar. Hay diversas opciones que dependen de lo preparado que estés y de la suerte que tengas. El camino más estructurado es empezar por estudiar algo, lo que te permitirá estar en el país de forma legal y disponer de algún tiempo para trabajar de forma legal. Lo que ocurra a partir de entonces dependerá de ti.

En este libro te hemos contado todos los procesos y todos los trucos para que consigas ser admitido por una universidad, encuentres trabajo después, destaques en él como para que te quieran retener y te hagas una idea de la sociedad con la que vas a convivir. Ahora ya lo sabes todo.

Good luck!

Epílogo: Bienvenido Mr. Trump

La carrera de Trump hasta la Casa Blanca ha evolucionado desde la parodia inicial y la consternación cuando ganó las primarias, a la gran sorpresa final. Pocos le veían como triunfador, quizás por el excesivo sesgo de la prensa hacia la otra candidata (Hillary Clinton) y, sobre todo, la posición ingenuamente radical que ha defendido desde el principio. Sus promesas populistas han sabido calar en esa enorme parte de la clase media descontenta, conservadora, blanca, rural, nacionalista y egocéntrica. El astuto uso del marketing personal y las redes sociales que le han llevado al éxito, es sin duda un caso digno de estudio.

Curiosamente su mensaje ataca aquello de lo que ha abusado para su ventaja personal como empresario: el excesivo poder de las grandes corporaciones, la globalización y la inmigración. Por tanto, él, y su gabinete formado por multimillonarios, parece que se enfrentan a un dilema personal. Da la sensación de que promulgarán acciones muy controvertidas para generar el ruido que alimenta a su electorado, pero que tendrán poco efecto real en la economía de sus libros contables.

No obstante, sí que ha conseguido dividir a la población, que en gran parte ve el futuro con incertidumbre y pesimismo.

Es difícil prever el futuro y además no es nuestro oficio. Pero es probable que algunas de las cosas que se explican en este libro cambien profusamente. En todo caso, recordemos que EEUU es un país federal, donde los Estados conservan casi todo el poder sobre las cosas que les afectan internamente. Además, muchas medidas se quedarán embarradas en las Cámaras y los tribunales. El trabajo de un Presidente en USA está más en convencer y conciliar, que en imponer. En todo caso, según los mensajes y las primeras acciones que se han tomado, se pueden prever cambios sobre estos aspectos:

Visados. Se dificultará aún más la llegada de inmigrantes. Será más difícil obtener visados de visita, sobre todo desde ciertos países. Las cuotas de visados H no aumentarán e incluso se podrán reducir. Quizás cambien el programa para evitar el abuso de las empresas de colocación de personas indias. Esto quizás aumente las posibilidades y traiga más justicia al sistema. Es posible que se vuelva a restringir el permiso de trabajo para conyugues en ciertos visados. En general los plazos se aumentarán y los trámites administrativos se complicarán, con más requisitos. No creemos que se dificulte el visado de estudios o el OPT, ya que es un gran negocio para las universidades.

Sanidad. Se revocarán los avances del ObamaCare. Las empresas no tendrán la obligación de ofrecer seguro y volverán a tener en cuenta las *prexisting conditions*. Medicare y Medicaid se reducirán. Son medidas que beneficiarán al sector médico y asegurador, en detrimento de la clase media-baja, muchos votantes de Trump. No será fácil, en cualquier caso, no hay consenso en este tema ni entre los republicanos. Hay una idea profunda por debatir y es hasta dónde llegan los poderes del Gobierno para *obligar* a sus ciudadanos.

Economía. A corto plazo parece que ha dado un empuje a una economía ya algo sobrecalentada. Los sectores tradicionales como los recursos naturales, infraestructura, defensa o el *healthcare* han subido. La bolsa está en máximos históricos y quizás busque una excusa para bajar. A largo plazo, traerá inestabilidad, aunque la economía americana seguirá siendo estable y fuerte. La confrontación en las Cámaras y tribunales hará difícil la aprobación de leyes. Es posible que su actitud beligerante genere algún nuevo conflicto armado internacional. Quizás suba la inflación y el mercado de divisas será aún más impredecible. Habrá más proteccionismo y quizás una guerra comercial, con mayores aranceles. Se dan todas las condiciones para que los mercados financieros sean una montaña rusa. Todo ello quizás genere más miedo a la contratación de nuevos trabajadores, en especial extranjeros. Por otro lado, los impuestos federales bajarán, en especial los societarios.

En definitiva, citando a Niels Bohr, es difícil predecir, especialmente el futuro. Pero sí que parece que el entorno general se va a complicar para los inmigrantes, con un país que ha decidido cerrarse, mirarse a sí mismo y levantar más muros y barreras para los que quieren seguir su *American Dream*.

Glosario

11S, 46
401K, 120, 129, 163, 189
ABET, 94
abogado, 26, 32, 86, 141, 209
acceptance rate, 64
Advance Parole, 45
Affidavit (of Support), 75
agencias de *staffing*, 112
aliens, 34, 151
alquiler, 171
American Dream, 13, 22, 103, 231, 257, 264
anglosajón, 9
año académico, 82
application, 71
armas, 243
Associate degree (AA, AS), 66
at will, 121, 145

attorney. *Véase* abogado
au pairs, 25
Automated Teller Machine (ATM), 184
Bacherlor (BA, BSc), 66
background check, 104, 123, 198, 242
bancos, 183
becas, 68, 156
benefits, 120, 127
Black Friday, 226
block-busters, 226
Bodily injury liability, 207
bonus, 232
brokers, 208
business card, 111
business plan, 27
Cap-gap relief, 86
Carfax, 203
carnet ATA, 47

carsharing, 201
cash-back, 190
certificaciones profesionales, 89
Certificate, 38, 67, 87, 104
Certified Public Accountant (CPA), 151
Ciudadanía, 28
Clinton, 261
COBRA, 220
coche, 195
coin laundry, 175
Coinsurance, 217
colleges, 67
colonias, 9
colonización, 10
commute, 196
condos, 172
Congreso, 12
Constitución, 11
Consulado, 180
convalidación, 78
copayments, 216
Corporation, 165
court, 121

cover letter, 109
CPT, 83
Credential Evaluators, 71, 79
credit history, 52, 68, 124, 172, 185
credit report, 190
credit score, 191
crédito, 189
curriculum, 254, *Véase* Resume
curso de inglés, 36, 83
Custom Declaration Form, 46
dealers, 202
Deductible, 207, 217
Department of Motor Vehicles (DMV), 197, 205
desempleo, 103
detailing, 205
dinero, 183
direct deposit, 142, 184
disciplinary action, 140
discriminación, 105
Diversity Program, 28, 37, 104
Doctorado (PhD), 38, 66
driver license, 196, 199

Driving Under the Influence (DUI), 124, 198

Drugs, 219

DS-160, 24, 75

DSO, 83

Ellis Island, 14

Embajada, 180

Emergency Rooms, 212, 220

employee handbook, 139, 243

Employment Authorization Card (EAD), 55, 102

emprendedor, 162

energía, 176

enforcement, 240

engineer-in-training (EIT), 95

English as a Second Language (ESL), 224

entrevista, 114

esclavitud, 10, 14, 105

ESTA, 23

Estados, 10

E-verify, 29, 57

eviction, 174

Exempt employees, 122

Exemption, 157

Fair Labour Standards Act (FLSA), 121

fake it till you make it, 254

fast food, 234

FMLA, 135

Form 1040. *Véase income tax return*

Form 8843, 156

Form I-20, 24, 75, 83

Form I-9, 29, 102, 117

Form I-94, 43

Form W-2, 152

Form W-4, 142, 152

freelance, 123

frontera, 43

GMAT, 73

Gobierno Federal, 11

Gold Rush, 14, 166

GPA, 63, 71, 107

grace period, 84

Graduate Studies, 67

grants, 82

GRE, 72

Green Card, 28, 52, 85, 117, 154

High School, 63
hit-and-run, 207
HMO, 128, 216
Hofstede, 258
Homeland Security, 43
Homeowner Association fee (HOA), 176
Hourly, 122
I+D, 79
ID Card, 58, 200
Identification Cards. Véase ID Card
Identity theft, 53
income tax return, 149
indentured servants, 14, 259
individualismo, 251, 258
ingeniero, 92
inmigración, 13, 14
inmigración ilegal, 20
Insurance Policy, 206
Internal Revenue Service (IRS), 54, 151
International Students, 70
intership, 104
IRS, 154
Itemized deductions, 157
ITIN, 54, 153, 200
jaywalking, 240
job description, 108, 117, 143
job offer, 108
Kelley Blue Book, 203
Labor Certification, 33
Labor Condition Application, 85
landlord, 173
lease, 172
Leave of absence, 134
    Administrative leave, 136
    Bereavement, 135
    Disability, 136
    Jury duty, 134
    Maternity leave, 135
liability, 143, 241
licencias, 78
Limited Liability Company (LLC), 165
Linkedin, 110
lobbys, 13, 215, 236, 237
Lotería de la *Green Card*. *Véase* Diversity Program

Luther King, 105
marihuana, 245
Máster, 26, 38, 66
matching, 129
MBA, 66, 73, 90
Medicaid, 211, *Véase* Medicare
Medicare, 211, 263
melting pot, 15, 223
networking, 111
Non Exempt employees, 121, 141
non-immigrant, 34, 153
non-resident, 35
ObamaCare, 127, 214, 263
Occupy Wall Street, 103
Offer Letter, 55, 120
open door policy, 143
OPT, 24, 67, 82, 102, 117, 262
optimismo, 13, 231, 252
Out-of-pocket, 217
overtime, 122
Paid Family Leave, 135
payroll, 129, 141, 152

performance appraisal, 146
Permanent Resident, 34
permiso de trabajo. *Véase* Employment Authorization Card
pioneros, 10, 161
planes de pensiones. *Véase* 401K
policies, 139, 239, 243
ponzi schemes, 113
PPO, 128, 216
pre-existing conditions, 214
Premium Processing, 86
Presidente, 12, 262
prexisting conditions, 128, 263
Professional Engineer (PE), 91
Prometric, 72, 73
property tax, 175
puritanismo, 9, 13
Qualifying Life Event (QLE), 219
rankings, 70, 80
realtor, 175
records. *Véase* background check

referencias, 104
referrals, 71, *Véase* referencias
resident, 154
Resume, 101, 107, 115
reverse cultural shock, 252
rip-off, 113
router, 179
royalties, 80
salary, 118, 123
sanidad, 211
SAT, 73
scam, 113
Second Amendment, 244
Second Inspection, 44
seguro médico, 32, 76, 127, 212
seguros de coche, 206
Senado, 12
settlement, 121, 143, 209
SEVIS, 83
sexual harassment, 144, 227
sick time, 132
sign off bonus, 121
smog check, 204

Social Security, 129, 136, 153
Social Security Number (SSN), 50, 190
Speakeasy, 228
sponsorizar, 26, 30, 85, 89, 102, 117, 146, 164
start-ups, 163
Statement of Purpose, 71
STEM, 82
Super Bowl, 226
Supreme Court, 12
Tax, 142, 157
tax credits, 150, 232
tax-treaty, 157
teléfonos móviles, 178
Thanksgiving, 225
Ticket, 187
TOEFL, 72, 94
top-less, 228
Transcripts, 71
Trump, 261
tuition, 67
TurboTax, 150
turista, 36, 45
Undergraduate, 67

unemployment, 136, 145
Uninsured motorists coverage, 207
universidad, 79
Urgent Care, 220
US Citizen, 34
USCIS, 56, 82
utilities, 174, 177
vacaciones, 132
venture capital, 163
video on demand, 179
Visados, 19, 23, 76, 262
Visa E, 27, 30, 38, 164
Visa F, 24, 36, 67, 84, 149
Visa H, 25, 30, 85
Visa L, 27
warning, 140
whistlerblower, 240
wire transfer, 183
withholding, 150
Workers compensation, 134
wrongful termination, 121, 140
yard sales, 174

Índice

Introducción 5
Prólogo: Un país de 50 países 9

Non-immigrant Resident Aliens 17
    Permiso para estar: VISAS 19
        Tipos de visado 23
        Por qué es difícil emigrar a Estados Unidos 29
        La importancia del *attorney* o abogado 31
        Non-immigrant resident aliens 34
        El camino más frecuente 35
    Pasar la frontera 43
    El *Social Security Number* 49
    La tarjeta de empleo (*EAD card*) 55

The sky's the limit 61
    Estudiar en Estados Unidos 63
        The Application 70
        Milestones para estudiar en EEUU 77
        Convalidaciones de títulos extranjeros 78
        La vida en el campus 79
        Trabajar después: el OPT 82

Las certificaciones profesionales 89
    Professional Engineer (PE), la licencia de los ingenieros.... 91

HR Connection 99
    Encuentra trabajo en Estados Unidos 101
        Sales Prospectus: Prepara tu *Resume* y *Cover Letter* 105
        Generating Leads: Dónde y cómo buscar trabajo 110
        Sales Pitch: La entrevista 114
        Closing: Negociando condiciones, La *Offer Letter* 119
    Los *Benefits* 127
        Health insurance 127
        Plan de Pensiones: 401K 129
        Vacations 132
        Otros 133
    Conserva tu trabajo 139
    File your Taxes 149
        Resident o Non-Resident Aliens 153
    Los trucos del *income tax return* para estudiantes 156
    Emprendimiento: your own way 161

Livin' the dream 169
    Running Errands 171
        Vivienda: compartir, alquilar o comprar 171
        Utilities: Electricidad, Agua y Gas natural 176
        Comunicaciones: Teléfono, Internet y Televisión 178

Como en casa: Las Embajadas y Consulados 180
In Cash We Trust 183
El *Credit History* 189
Behind the wheel 195
Hit the Road 201
    Los Seguros (*Auto insurance*) 206
Health (Without) Care 211
Welcome y'all 223
Fake it till you make it 231
Sin perdón (It's the policy) 239

Go Big or Go Home 249
    El Retorno 251
    At the end of the day 257

Epílogo: Bienvenido Mr. Trump 261
Glosario 265
Índice 273

Made in the USA
Columbia, SC
25 April 2018